ニューヨーク・ミリオネアの教え

一生モノの美しさを手に入れた人が幸せになる

イメージコンサルタント
一色由美子

全米で巻き起こった「若くてカワイイ私」の資産価値

彼女が年収５０００万円の男性と結婚できる確率は？

数年前のアメリカで、ニューヨークに住む自称25歳の美人が「お金持ちと結婚するにはどうしたらよいですか？」と掲示板へ投稿し、ＪＰモルガンのＣＥＯ（実際に彼なのかは不明）が返答した話がネット上で大きな反響を呼び、話題となりました。

二人のやり取りの一部を抜粋して載せます。

正直に書こうと思います。

私は25歳で、かなりの美人ですし、上品で、趣味もいいです。

どうしても年収50万ドル（約５０００万円）以上の男性と結婚したいのです。

この掲示板に誰か年収5000万円の男性はいませんか?
皆さん結婚していらっしゃるのでしょうか?
私が聞きたいのは、
あなた方のようなお金持ちと結婚するためには、
どうしたらいいのか、なのです。

恐れ入りますが、次の質問に答えてもらえませんか?

1. 年収5000万以上のお金持ちの独身男性はどこにいますか?
2. 何歳くらいの人を狙ったらいいですか
3. なぜ、お金持ちの妻のほとんどは、かわいくもない平均的な容姿なのですか?
4. 結婚するか、付き合うだけで終わるかの決め手は何ですか?

それに対し、JPモルガンのCEOと名乗る男性が応えます。

あなたは「若さという美しさ」と「お金」を交換しようとしています。

すると、そこにはひとつ重大な問題が発生します。

私の収入は年々増えていきますが、
あなたの言う「若さという美しさ」は年々目減りしていくということです。

経済的な観点から言うと、私は「魅力的な資産」ですが、あなたは「値下がりする資産」。

それも急激に価格低落する資産なのです。

ウォール街では、どんな取引にも「短期保有」と言うものがあります。

売買するものの価値が落ちるとわかれば、
私たちはすぐにそれを売ってしまいます。

「長期保有」することはないのです。

しかし、結婚とは「あなたを長期的に保有すること」です。

少し言い方が悪くなってしまうけど、あなたを資産として考えた時、

「短期保有」のほうが賢い選択で、
もっと言えば、レンタルで十分となるのです。

年収5000万円を稼ぐ人はバカではないので、
あなたとデートすることはあっても、結婚することはないでしょう。
ひとつ、アドバイスできるとしたら、
あなたが年収5000万以上稼ぐ人になることです。
お金持ちのバカを探すよりも、ずっとチャンスがあると思いますよ。
が私のアドバイスです。
この返信が、役に立ったらうれしいです。

この投稿を読んで皆さん、どう思われたでしょうか。

「若さという美しさ」は確かに大きな魅力の一つではありますが、それだけを求めている男性ばかりではありません。
賢い男性ほど、そして年齢を重ねてより美しくなる女性ほど、一過性の若さや美しさは次第に目減りすること、内面を磨いていくことが実は長期にわたって絶大なパワーを持つことを知っているのです。

年齢を重ねることでしか得られないモノ

私のところには、20代から60代まで、様々な年齢やバックグランドをお持ちのお客さが、イメージコンサルティングにいらしてくださいます。その中で、30歳前後で、「もう若くないから」と結婚やキャリアや人生に焦っているお客様もいらっしゃるのです。

若さは誰にも平等に与えられ、そこから同じ時間をかけて、私たちは年齢を重ねていきます。

もしあなたが、若さだけが女性の価値だと思い、見た目の若さに固執すれば、いずれ果てしない絶望感に襲われることでしょう。

また「もう若くない」と人生の折り返し地点にも到達していないのに、年齢にという数字にとらわれて生きれば、これほどつまらなく長い人生はないと思うのです。どちらも、何か大切なことを見落とし、とても勿体ない生き方をしていると思いませんか。

あなたの様々な経験や学び、それから生まれる知性や教養、マインドと言った内面の艶は、積み上げたり、磨いていくことが可能です。

内面の自信や艶は、あなたの物腰や話し方に現れるものです。それはあなた次第で、若い頃よりバージョンアップすることができるのです。

そして、外見はあなたの内面の一番外側。だから常に努力し続けてみる。あなたのライフステージに合わせてキレイをアップデートし続ける。

年齢を重ねて艶っぽく美しくなる人と、粉っぽく魅力が失われていく人の違いは何なのか。

私の周りにいる素敵な女性に「何かされていますか？」と聞くと、必ずと言ってよいほど「特に何もしていません」そんな答えが返ってきます。

なぜなら、素敵であるために、魅力的であるために、様々なことを習慣化しているから。

彼女たちにとって、努力することは、何か特別なことではないのです。それは驚くほどの自然体。だから年齢を重ねていくたびに、より輝いていけるのです。

この本を書くにあたり、目減りしない真の美しさについて本気で考えてみました。

若さとか年齢とか不必要なコンプレックスに悩んでいる女性達にこの本を贈ります。

2018年4月　一色由美子

CHAPTER
1
一生モノの見た目をつくる

CHAPTER

2

35歳からは生き方が顔に出る

CHAPTER 3

モテることをあきらめない

CHAPTER 4

自分自身を資産管理する

New York Style

CHAPTER

1

一生モノの見た目をつくる

1秒で誰でも美人になる

笑顔は最速の美人テクニック

「たった1秒で美人に見せる方法はありますか?」

そう聞かれたら、即答で、「笑顔を作ること」とお答えします。

笑顔の効能は計り知れず、ストレスホルモンの分泌を減少させ、幸せホルモンの分泌を促進し、血圧を下げる働きがあります。ペンシルベニア州立大学の研究結果では、笑顔でいると周りの人に好感を与え、親切に見えるだけではなく能力がある人に映ることが分かっています。またある調査では、常に笑顔を浮かべていた人ほど寿命が長かったという結果も出ています。

だいたい年に数回、100名くらいの方々を前にセミナーを行いますが、真夏であっても凍てつく会場に来てしまい、どう会場を温めようかと思案することが時々あります。その理由は、皆さんの表情が全く〝ない〟のです。楽しいとかつまらないとかの感情すら全く読み取れない無表情な人が多かったりするのです。

「日本人は表情がなくて怖い」。アメリカ人の友人に反論してきたのですが、「これか」と納得してしまう時があります。

地下鉄のガラスに映った何気ない自分の顔が口角が下がって老けて見えたり、「えっ、私?」とびっくりするほど不機嫌そうに見えて驚いた経験はないでしょうか?

もしあなたが「すきがない」とか「話しかけにくい」と言われているのなら、この無意識に出ている素の表情が、人を遠ざけている可能性があります。

私のイメージコンサルティングを受けにいらしたお客様には、会社のデスクに小さな鏡を置くようにすすめています。ふっとした瞬間に見た自分の顔が、口をとがらせていたり、口角が下がっていたり、目つきが悪かったり、ふてぶてしかったら要注意なのです。

実は自分ではなかなか気づきにくい素の表情や顔つきが、人とのご縁や運を遠ざけてしまっているはずです。

逆に人からよく声をかけられる。運に恵まれている。そんな人は表情が実に豊かです。表情豊かな女性は、喜怒哀楽が表情に溢れ出ています。なぜそういった女性には、多くの人が寄ってくるのでしょうか。

それは、楽しいとか嬉しいとか、感じている心を素直に開示している安心感を私たちに与えてくれているからなんです。だからこの人に近づいてみたいなと思われるのです。

逆に表情が乏しい人は、なにを考えてるか分かりづらいと、人を遠ざけてしまうのです。

素の表情は心がけ次第で、誰でも変えることができます。

ＰＣを打っている時、スマホを見ている時、会議中、レストランで人を待っている時、電車に乗っている時、ほんのちょっと口角を上げてみてください。口角を上げるだけで、今までよりも優しい目つきになっているはずです。

それも難しいと思われた方、自分が一番優しい顔になるのはどんな時でしょう、赤ちゃんを見た時や自分の飼っているペットを見た時など、一番心がほっこりする相手を思い描いて、素の顔を豊かにしていってください。

一生モノの美しさを持っている女性は、表情豊かな女性です。

19時からは塗るより落とす

メイク落としシートの賢い使い方

「デートや女子会で朝つけたてのようなメイクで登場したい。」

お客様によく聞かれるのが、夕方のお化粧直しについて。せっかくメイクレッスンでキレイを手に入れ、嬉々としてオフィスに行っても、長時間労働の上に、冬の乾燥のみならず夏の冷房で、オフィスは極度に乾いています。最近は、オフィスに自分専用の卓上加湿器を置いている方も少なくないですが、どうやら広いオフィスでは焼け石に水。

夕方になると、ほうれい線や目の下にファンデーションが溜まって、くっきり浮き上がっていたり、シワが刻まれていて大変ショックを受けることも……。

19時からのシンデレラを目指すなら、ほうれい線と目の下のメイクはメイク落としシートなどで一度軽く落とし、たっぷりの美容液を塗って、そこだけファンデーションを塗りなおすのがおすすめです。

また目の上のアイシャドウやアイライナーが、午後になると毎回よれたりにじんだりしているのは、朝のファンデーション後にお粉をしっかり乗せていない証拠。油分が多く含まれるファンデーションはお粉でマットな状態にしないと、上に載せたものがにじんでしまうのです。

肌をサラサラにするルースパウダーが人気ですが乾燥肌の方で、目の周りのちりめんジワが目立つ方は、目の周りは避けて、Tゾーンや頬の部分だけにつけるようにしましょう。乾燥しやすい目の周りには、乾燥しづらいプレストパウダーを使用するのがおすすめです。

また夕方のお化粧直しには、色がまだらになっている眉を描き足します。

睡眠不足やPCの見過ぎなどの血行不良で出てくる青クマには、オレンジ系のコントロールカラーを、色素沈着でできる茶グマには、イエローベージュ系のコンシーラーが効果的です。たるみによってできる黒グマは実は厄介。色を乗せることでかえって目立つことがあるので、明るめのベージュのコンシーラーを使ってみてください。

まぶたに乗せるアイシャドウも〝くすみまぶた〟の場合は、ブラウンはよりくすんで見えてしまいます。パール感の強いピンク、オレンジ系、ベージュ、グリーンが目元を華やかにくすみを飛ばしてくれますよ。

〝くぼみまぶた〟の場合は、ブラウンや寒色系は老けて見えるのでNGです。パール感のあるイエローやピンク、オレンジがおすすめです。〝むくみまぶた〟の場合は、赤味のないグレー寄りのクールな印象のブラウンや寒色系で、目元をすっきり見せましょう。

一生モノの美しさを持っている女性は、昼も夜もキレイ。

私たちは食べものでできている

高級化粧品より骨が美肌をつくる

「なぜ神は、まず若さと美しさを最初に与え、そしてそれを奪うのでしょう?」映画にもなった『ヘルタースケルター』の中の言葉。

私たちの寿命は延び続け、日本政府は「人生１００年時代構想会議」なるものを設置しました。私たちは、自分の顔や体、そして心と、それだけ長くお付き合いしていかないといけないのです。

「なるべく美しく年を取りたい」誰もが切に願う想いです。アンチエイジングとは、時計の針に逆行することでは決してありません。時計の針を少し戻して、その進みを遅らせることなんです。

日本女性の多くが、シワやフェイスラインのたるみなどの肌の老化を、なんと30歳前後から気にし始めているそうです。肌老化の主な原因は、保水力の低下とコラーゲンの減少であると多くの女性が認識していて、それを少しでも回復させたり、現状維持するために、高級化粧品は世界中で売れ続けています。

そんな中アメリカの美容医療業界で、実は「頭蓋骨の劣化」も肌の老化に大きく関係しているということが発表されました。

加齢によって、頭蓋骨の骨量が減る、痩せることで、顔自体が下方向へ崩れて長くなり、眼窩《がんか》という眼球の入る穴が拡大し目が落ちくぼんでしまう。頭蓋骨が痩せると、頭皮がたるんでフェイスライン自体がぼやけ、口元のシワが増えたり、ほうれい線などがくっきりと刻まれてしまうということです。皮膚ばかりに注目していましたが、実は骨もケアしないといけない。なんとも恐ろしい事実です。

「だったら、カルシウムを取って、これから骨量を増やします」。でもこれはちょっと待ったなのです。実は骨の量、骨量が最大値となるのは20歳くらいと言われていて、皆さんが、20歳を軽く超えていたら、残念ながら、もう骨量を増やすことはできないのです。

しかも女性ホルモンのエストロゲンは、骨の新陳代謝と大きくかかわっていて、閉経を境に女性の骨密度はぐんと減ります。だから、今ある骨量をなるべく減らさない生活をしていかないといけません。

私はイメージコンサルティングを通じて、食事の指導もしています。なぜなら食事は私たちの見た目やメンタルに直接的に影響を与えるから。

お客様の中には、仕事が忙しくて、ストレスから暴飲暴食に走ったり、つい食事を抜いてしまう。スーパーやレストランがあいている時間に帰れないため、コンビニの利用率が年々増加気味など、栄養バランスが良くなかったりする方も少なくないのです。これでは骨はもちろん、女性が願う皮膚や髪の毛を美しく維持することは難しくなります。

〝私たちの体は食べたものでできています〟

それをどうしてもお伝えしたくて、正しい食の知識とファッションスタイル学を学べる日本アンチエイジング・ダイエット協会を設立いたしました。

まず、カルシウムなどのミネラルは体内で合成することができないので、食事から摂る必要があります。カルシウムを多く含む食品は、乳製品、小魚、小松菜、海藻、大豆加工品、野菜など。ただカルシウムはそれだけで摂っても吸収率はとても低く、吸収率の高い栄養素と一緒に摂る必要があります。

カルシウムの吸収を良くするビタミンDは鮭、鰻、さんま、いくらなど。骨コラーゲンを増やすビタミンKは、納豆、小松菜、ホウレンソウなどがあります。また紫外線に当たることでもビタミンDは合成されます。適度な日光浴も取り入れてください。

骨に良くない生活習慣としては、喫煙や過度のアルコールの摂取、過激なダイエット。またカルシウムの吸収を阻害するリン酸塩の過剰摂取となるインスタント食品やスナック菓子、加工食品はなるべく控えるようにしましょう。

また丈夫な骨を作るには食事だけでは十分ではありません。骨は衝撃を受けると、そこで受けたダメージを回復しようと骨量が増えるのです。筋肉を作るのと一緒の原理です。そのため、丈夫な骨を作るなら、骨に負荷を与えるエクササイズが有効です。スクワット、ジャンプ、縄跳び、また膝を痛めていてスクワットやジャンプが難しい方は、階段の上り下りだけでも効果的です。

一生モノの美しさを持っている女性は、正しい食事で骨も丈夫。

幸せを遠ざけるたった1本のほうれい線

割り箸1本で口輪筋を鍛える

ある調査によると、女性の肌のお悩みの1位がシワ。そのなかでもほうれい線に悩んでいる女性の数はつねにトップです。

ほうれい線のできにくい方、若く見える方の特徴は以下になります。

- 日頃から肌の保湿を十分に行っている人
- お顔に肉がついていない人
- 頬骨が高い人
- 骨格が面長の人
- 顔に脂肪がついていてつまんだ皮膚（お肉）が固い方

・オイリースキンの人
・姿勢の良い人
・紫外線対策を十分している人
・煙草を吸わない人
・日頃、肩こりなど感じたことがない人

つまりほうれい線の原因は頬のたるみと肌の劣化です。

紫外線を浴びすぎたり、普段のお手入れ不足から、肌が乾燥している方は、やはりほうれい線ができやすいのです。

二つ目は脂肪。頬に脂肪がつきやすい方はたるみやすく、ほうれい線ができやすい。最後は血流の悪さ。肩のコリによって、顔の血のめぐりが滞ることで、リンパ液が首から上にたまる人もほうれい線ができやすくなってしまいます。

先日いらしてくださったお客様は、咬筋《こうきん》と言われるエラの筋肉にボトックスを注射したところ、顔は細くなったそうですが、口輪筋《こうりんきん》を動かせなくなったために、一時的にブルドッグのように頬がたるみ、ほうれい線ができてしまったそうです。

実はエラボトックスを受けて鬱の診察に来る方が多いのです。というのも私たちの脳は、人が口角を上げることで、初めて笑顔だと認識し、幸せホルモンを出すそうです。体も脳も奥が深いですね。ですから、口角をしっかり上げていないと、ほうれい線ができるだけでなく、幸せホルモンも出ないのです。

時々、「笑うとほうれい線ができるから、笑わない」という方がいますが大きな間違い。笑わないと、口角も下がり、幸せも運気も逃してしまいます。

口輪筋を鍛える表情筋トレーニングで、口角を上げて幸せホルモンを出しましょう。

割り箸トレーニング

①割り箸を横にして口にくわえる
②しっかりと深めに上下の歯で噛む
③割り箸の横の線よりも口角を上げ、1分間キープ。上手にできない時は指であげる
（顔の筋肉がこわばるのは、残念ながら筋肉がない証拠）
④その状態で鏡の前でゆっくり割り箸を抜く
これが美しい笑顔だと形状記憶させましょう。

ゴリラ体操

①舌を歯と唇の間に入れる。右↓上↓左↓下と一周する

②次は、右↓下↓左↓上と逆回りで一周する

これを何度か繰り返すことで、口輪筋が鍛えられます。

一生モノの美しさを持っている女性は、
口輪筋を鍛えて笑顔がトレードマーク。

人に会う時は3分前の魔法をかける

チークを入れると何が起こる？

「この人キレイだなぁ」「年齢不詳だなぁ」と思える人の共通点は、お肌が美しいこと。

お肌の美しさを左右するのは、血色と艶と透明感。人と会う直前、お化粧室での3分間で、この血色と艶と透明感を与え、瞬時に3割増し美人になるテクニックをお伝えします。

チークを入れる

チークは、血色をプラスして顔色を明るく見せるだけではなく、顔にメリハリをつけ立体的に見せることができます。

またシミやそばかすなどもチークを入れることで目立たなくなり、色が入ることで、空いたスペースが少なくなり小顔効果も狙えます。

チークの入れ方ですが、高く見せたい部分に一番濃く色を乗せること。その周りをブラシを使って自然にぼかすことで、立体感を出します。顔型によってチークの入れ方は違いますが、基本は、黒目の外側あたりが一番濃い色になるようにぼかすこと。

時々チークの一番濃い部分を顔の外側（頬の外側、顔の側面）にしている方がいます。その入れ方では、顔が大きく見えてしまうので注意してください。また加齢によって顔が下がって見えるのにチークを顔の下の位置に入れると、さらに顔が下がって老けて見えやすいのでＮＧです。

ピンク系のチークは、ブルーベースと言われる肌が青白い方におすすめです。またオレンジ系はイエローベースと言われる方や色黒さんにおすすめです。またコーラルピンクは、比較的どんな肌色の方にも似合うでしょう。チークは１色ではなく、２色使って濃淡を入れるとより肌に自然になじみます。

チークの入れ方で小顔効果120 %アップ

TYPE-1

たまご型

笑った時の「頬骨が一番高くなる」位置からこめかみむけて楕円にいれます。

TYPE-2

丸顔

頬骨の一番高いところからこめかみへと斜めに長細く、シャープにいれます。黒目よりも内側にチークを入れると幼く見えますが、顔が大きく見えてしまうので注意しましょう。

TYPE-3

面長

「頬骨よりも少し下」に「真っすぐ横向き」の「楕円形」でチークを入れます。顔の縦幅を狭く見せるのがポイントで、頬骨の上の方につけるのは、かえって顔が長く見えて逆効果です。

TYPE-5

四角（ベース型）

えらを目立たなくさせるために、顔の外側に向かってチークを入れるのがおススメです。黒目の内側に入れてしまうと、かえってえらが目立つので注意です。

TYPE-4

逆三角形

頬から下が短いので、「頬骨よりも少し上」に「丸く」「円形」にチークを入れます。

プレストパウダーを乗せる

プレストパウダーは様々なメーカーから出ています。お肌の透明感とキメや明るさを与えるものなので、ふんわり、お顔全体に乗せてみましょう。

髪を立ち上げる

髪の分け目の1～2㎝横の髪を立ち上げて、トップにボリュームをもたせる。髪が立ち上がることで、小顔に見せ、動きがつくことで躍動的に見えます。

3分前の魔法で自信を持って笑顔で登場することができます。

一生モノの美しさを持っている女性は、
人に会う前3分で、美人になる。

本物の美人は横顔も美しい

三面鏡を使いこなす

外国に長く暮らしていると、日本人は、小さな鏡でディテールにこだわる平面美人が多く、外国人は立体美人が多いことに気づかされます。

今よりもっと美人に見せたければ、立体感をプラスしてみる。どんなににっこり鏡の前で笑顔を作っても、実際人から見られている自分は、正面だけではなく、横顔だったり、後ろ姿だったり、斜めの角度だったりします。どこの角度から見てもキレイなのが、立体美人です。

立体美人のポイントは、眉毛、まつ毛、髪型、顎のライン。

私のお客様で、「マスカラしてもしなくても変わらないのでしません」という方がいますが、何とももったいない。それはきっと薄暗い洗面所で見ている存在感の薄いまつ毛のお話で、実際オフィスで、街で、レストランで、あなたのまつ毛はしっかり見られていますよ。ＰＣを打っている伏し目がちな目元やメニューを選ぶ際の目元など、長く艶やかにボリュームアップしているまつ毛はどっきりキレイだなと思われるものです。

また眉毛を短く描いている方、横から見た時に短く切れて終わっていると、その美しさは半減します。短い眉は、実は顔を大きく見せてしまうこともお忘れなく。

意外と自分では気づきにくいのが、顎のライン。二重顎や、なんとなくもったりしていると、老けて見えたり、垢抜けない感じになってしまいます。

美しい顎のラインを目指すなら、食事はよく噛んで食べること、そして寝ている間、口呼吸ではなく鼻呼吸を行うこと。

無意識に口を開けたまま寝ていると、口の周りの筋肉が衰え、歯並びや顔の筋肉に影響を与えてしまいます。また菌が入り込むことで、風邪をひきやすかったり、口臭の原因になるのです。口呼吸を防止するテープや睡眠時マスクも市販されているので、試してみてください。

また寝ている時やぼんやりＴＶなどを見ている時に、つい口が開いてしまっている方は、歯並びが影響している場合も大いにあります。私は男性のお客様にも女性のお客様にも、歯を直したら美しさが大幅にアップすると思われる方には歯列矯正をおすすめしています。アメリカでは美しい歯並びは、知性と教養、家柄の良さを表すステータスです。


次に髪型です。日本人の頭の形は欧米人に比べて、平面的で絶壁に近い方も少なくないのです。できるだけ髪に立体感を出すために、三面鏡を使うことをおすすめします。正面だけでなく、サイドからもしっかり見ること。

まずドライヤーで乾かす時は、内側から温風が当たるようにします。髪の上からドライヤーを当てると、どうしても根元が寝てしまうので、根元が立つように、髪の内側から乾かすことがポイントです。

順番としては根元をしっかり乾かしてから、髪全体に空気が入るようにドライヤーを当てること。

分け目に沿って乾かすのではなく、頭頂部の髪を四方八方に、いろいろな方向から風を当ててみてください。あえて髪の分け目を無視して乾かすことで、髪が分け目で寝ることなく立ち上がります。

頭頂部と後頭部の髪にボリュームがあると、小顔効果や、どこから見ても３Ｄの立体美人が狙えます。

一生モノの美しさを持っている女性は、立体美人。

1日に1時間は鏡を見つめて

死ぬまで研究し続けるのが美しさ

「自分の顔に自信が持てない」

私から見たら、おキレイだなぁと思う方でも、小さい頃に顔のことでからかわれた経験があったり、親から言われた顔に関しての何気ない一言に傷ついていたりします。美人な友達と自分を比較して、男運が悪いのも、会社で男性上司に可愛がられないのも、私がキレイじゃないからに違いない。一生自分の顔にそんな言い訳をして生きていくのは辛すぎます。またそんな想いを抱いている方が発しているオーラはとても暗いのです。

コンプレックスはどんな人も持っています。それに向き合い克服することで、その人の魅力が増すものなのです。人生がグレーのままで終わってしまうのか、バラ色に変わるのかは、実はあなた次第。同窓会にいくと、昔ヒーローやヒロインだった人たちがめっきり普通になっていて、ぱっとせず目立たなかった人たちが光り輝いていたりします。

コンプレックスとは、実は自分を成長させる糧なのです。キレイになりたい、キレイになろうとたくさん努力をするからこそ、人の痛みも分かるし、内側からも輝くのです。

私も、もれなくたくさんの外見コンプレックスを抱えて生きてきました。上がった奥目や頬骨の高いところ、唇が大きいところや体型など、真剣に悩んでいた若い頃があって今があります。

当時自分が比較していたのは、ＴＶで人気の女優さんだったり、学年一キレイだった友人などで、どう頑張ってもなれない人たちばかりだったのです。その後、自分とちゃんと向き合い、メイクや髪型、服装で、自分のコンプレックスが隠せたり、他のチャームポイントを伸ばせることに気づきました。

私が教えているイメージコンサルタント養成講座の生徒さん向けの必要要項には、

外見コンプレックスを克服できた人というのを入れています。コンプレックスがあるから、人の痛みも分かり寄りそえるし、どうすればキレイに変われるのか、魅せられるのか、身をもった経験からお客様にたくさんアドバイスができるのです。

この先、長い時間、私たちは自分の顔や体と付き合っていかないといけません。だとしたら、とことん研究してみる。とことん努力してみる。とことん好きになってあげましょう。美しくなるのに、〝もう年だから〟とか〝でも私には無理〟はありません。

コンプレックスとは、正面から向き合うことです。自分の顔が嫌だからと鏡をなるべくみなようにしている方や写真に写らないようにしている方もいますが、鏡を見れば見るほど、キレイになっていきます。写真に写った自分を冷静に見てください。メイク、髪型、服装を変えれば、もっと写真に写りたくなる自分になれるはずです。

一生モノの美しさを持っている女性は、
コンプクレックスと向き合った今の顔が好き。

服が似合わなくなったらチャンス

通販ファッション、コスメに逃げてはダメ

いつもの服、いつものメイクが似合わなくなった。これは誰もが経験するファッション遭難期。もしあなたがファッション遭難期に入ってしまったら、これは新しく魅力的になる転機を迎えてラッキーだと喜びましょう。だって今までとは違う洋服や髪型、メイクに挑戦できるチャンスなのですから。

この時期にするべきことは、自分の体型や顔立ち、肌質の変化を徹底的にあぶりだすこと。自分のどこが変化して、似合わなくなったのかを見逃さないことです。

逆にこの時期に絶対してはいけないことは、どうせ何を着ても似合わないし、と無難な服を着始めたり、買い物が億劫になって、通販で服やコスメを買い始めることです。これでは完全に遭難してしまって、二度と下山できなくなります。

乳飲み子だった赤ちゃんが歩けるようになるように、私たち大人も、日々成長し続けているのです。そのたびごとに似合う服装、色、髪型、メイクに変えていく。私たちは年齢を重ねても美しい人を見ると、もともと作りが違う、DNAが違うなどと思ってしまいがちですが、そんなことは絶対にありません。美しい人は、自分の外見の様々な変化に合わせて、自分をしっかりアップデートしているのです。

例えば目がくぼんできているのに、20代の頃と同じブラウンのアイシャドウをしていたら、全体にくすんで見えて、どんよりお疲れ老け顔になってしまいます。今まで挑戦しなかった明るいピンクやオレンジなど、顔に血色を与えるアイシャドウに変えてみてください。

昔は顔が丸いことが悩みだったのに、気が付けば、顔や胸が痩せてきて、最近は頬がこけて面長に見えてしまう。そんな時は、今までのストレートロングをミディアムにばっさり切って、カールなどの動きをつけた横広がりの髪型にしてみる。輪郭がそげたところには、髪というフレームでボリュームを出すことで改善されるはずです。

逆に顔の肉がなんだか垂れてきたなら、髪型は、トップに高さを出し、エラより上、顔周りに動きをつくる髪型に変えてみる。頬のたるみは、髪型でカモフラージュできます。

メイクもデパートのカウンターに座って、肌質診断してもらいながら、今までと違うファンデーションのお色やくすみを消すコントロールカラーなど、美容部員さんにお願いして、しっかりメイクしてもらいましょう。その際、美容部員さんにすすめられるままに、なんでもかんでも購入してしまう方がいますが、ちょっと待って！　時間がたってどう変化するか、明るい場所で素肌がどう見えるかを必ず確かめて、その日には買わずに後日購入するのが賢い方法です。

そしてお尻が垂れ、足が肥大して、スリムなパンツが似合わなくなったからと、今流行のワイドパンツやタックのたくさん入ったパンツに安易に逃げるのはどうかと思います。流行が終わった時に着る服がなくならないように、スクワットしてヒップアップする。毎日食べている食事を見直す。など、根本的な改善も必要です。

服装も全く同じです。肌がくすんできたら、今までより明るいトーンの色や光る素材、あるいは全く似合わないと信じ切っていた色に挑戦してみること。二の腕にお肉がついたのなら、どの袖のカッティングの洋服を着ると、一番細く見えるのかを研究する。今まで着ていた素材だと肉感的に見えるなら、ちょっと固めの素材に変えてみる。だから洋服をネットで購入するのは、大人女子にはおすすめしません。

年齢を重ねても美しい女性は、その時々に自分をしっかり見つめ、受け止め変化できる人。いつ見ても素敵と思われるのは、自分を研究し、愛してあげている証拠です。

一生モノの美しさを持っている女性は、
変化を逃さず自分をアップデートしている。

美しさは動きに表れる

焦らずゆっくり丁寧に

目減りしない美しい女性が必ず身に付けているもの、それはバランスの良さ。外見ばかりに気を遣い、しゃべった瞬間、動いた瞬間に台無しになってはいませんか？

ニューヨークの成功者の友人が、絶世の美人モデルとデートしたところ、彼女がブルックリン訛りの英語を話すのにげんなりして、2度目のデートはしなかったという話を聞いて、どきっとしたことがありました。ちょっとした言葉使いやしぐさ一つで、品がないと感じてしまい、美しさが半減する女性がいます。

今、日本では恋人にしたい、結婚したい女性の職業ランキング№1は、かつてのCAを抜いて女子アナです。仕事柄、女子高校生や女子大生にもお会いしますが、女性アナウンサーを目指す方が本当に多いのです。どうしてここまで女性アナウンサーが、有名スポーツ選手や芸能人、エリートと呼ばれる男性たちの結婚相手に選ばれるのか。

顔は女優さんやモデルさんほど、飛びぬけて美人ではないけれど、知性があって聴き上手。機転の利いた気配りができて、ユーモアがある。立つ、座る、歩く、笑う、食べる、手の仕草など、立ち振る舞いがとても美しく、バランスが非常に取れているのです。妙に作られて高みに立って人を遠ざける品（こういう方は下品ですね）ではなく、自然で温かみのある女性らしい品がある。

現代の働く女性は、忙しかったり、ストレスが高く、女性ホルモンが低下して、男性ホルモンのテストステロンが増加しがちです。テストステロンは、男性ホルモンでありながら、女性にも男性の量の5～10％分泌されるといわれています。骨格や筋肉が発達したり、性衝動に関係すると言われているホルモンです。テストステロンが女性ホルモンより優位になると、体毛が濃くなったり、声が低くなったりするのです。

がんがん働く女性の中には、男性以上のテストステロン値を持っている女性もいる

そうです。あなたはついつい所作が雑になっていないでしょうか。攻撃的になってい
たり、ひげがうっすら生えてきたなんて女性は要注意です。

話す際、動く際、メールでの返信ひとつでも、焦らず急がず、ゆっくりを心がける。

書類や名刺などを受け取る時、渡す時、両手を使う。その際は指先をそろえるとキレイに見えます。

歩く時は、脇も膝も広げず、くっつけるイメージにする。座る、歩く姿勢もチェックしてみましょう。背筋を伸ばす際は肩甲骨を寄せるよう意識して、お尻を意識的に締めてみてください。

一生モノの美しさを持っている女性は、
美しく立ち振る舞う習慣がついている。

温活で代謝と美人度を上げる

冷えるほど老廃物がたまる

自分の身長や体重は言えても、自分の平均体温を言える方は、妊活中の女性以外なかなかいらっしゃらないと思います。

約50年前、日本人の平均体温は36・8度あったそうですが、いまや0・7度近く下がっているという統計結果もあり、35度台の低体温の20代、10代も珍しくありません。

アメリカ人＝常に半袖を着ていておしゃれに無頓着、そんなイメージをお持ちの方が多いかもしれません。確かにそういう方も多かったりしますが、実は半袖で年中過ごせるほど、体温が高いのです。

私たちの体に流れる血液というのは、体を構成する60兆個もの細胞に栄養と酸素を必要な場所に送り届け、老廃物を持ち帰る働きをしています。またその血液の中に免疫力をもった白血球があって、体の隅々までパトロールし、体内のウイルスや細菌だけでなく、ガン細胞をみつけると攻撃し死滅させてくれています。

そのため体温が下がると血流が悪くなり、栄養と酸素が行きわたりにくくなるだけでなく、老廃物もたまってしまい太りやすく、免疫力も低下し、発病しやすくなってしまうのです。

私たちの生活は体温が高かった50年前に比べて大きく変わっています。便利な日常生活による筋肉量の低下やエアコンによる発汗機能の衰退。また旬を無視して、一年を通じて体を冷やす食べ物や加工食品を食べる頻度の多さ。ストレスによる自律神経の乱れにシャワーだけの入浴習慣など。気が付けば、便利さや快適さと引き換えに、美しさや健康を損なう低体温に陥りやすい生活をしているのです。

私が理事長をつとめる日本アンチエイジング・ダイエット協会では、代謝を上げ、体温を上げて美しくいられる方法をお伝えしています。

つい数年前までは、使い捨てカイロを箱買いした私ですが、食事を変えることで、大雪や寒波の来ていたこの冬に、一度も使わずにすみました。手袋がいらない、代謝を上げる温活生活によって、美しさを保てるのです。

温活におすすめの生活習慣は意外と簡単です。

温かい飲み物を飲む

氷を入れた冷たい飲み物はもちろんおすすめしません。また実はコーヒーや緑茶、牛乳も体を冷やすので注意してくださいね。

体を温める食べ物を食べる

簡単に見分け方をお伝えすると、寒い時期に取れるものや寒冷地で育つものは体を温めます。果物で言うと、リンゴ、桃、イチジクなど。逆に南国で取れるものや夏が旬のものは体を冷やしやすいのです。果物で言うとバナナ、パイナップル、マンゴーなどは体を冷やします。

筋肉をつける

基礎代謝を上げて太りにくい体質を手に入れるには筋力をつけるのが一番。

湯船につかる

入浴をシャワーだけなく、湯船につかったり、マッサージをするのもおすすめです。

一生モノの美しさを持っている女性は、体温が高めである。

美人は毎日髪を洗わない

湯シャンプーでうるおいキープ

年齢を問わず働く女性の薄毛のお悩み相談が増えております。

ストレスやダイエット、睡眠不足、女性ホルモンの低下など、ホルモンバランスが崩れると、びまん性脱毛症（女性男性型脱毛症）を発症すると言われています。**髪は私たちのお顔のフレーム、髪の分量で美人度も上がります。**目減りしない女性の美しさ、美しい髪をキープする方法とは。

対策その1．洗髪を見直す

毎日髪のお手入れにどのくらいの時間を費やしていますか？　朝あと1時間寝ていたいのに、シャンプーのために5時起きをしています。そんな女性も少なくないですよね。

かき上げるツヤヘアが美しいモデルの中村アンさん。アンさんは、実は髪を3日に1度しか洗わないのを知ってましたか。もともと日本人の髪質と白人の髪質は全く違うのですが、美しいハリウッド女優たちも毎日髪を洗わないことで、美髪を保っているのも有名な話です。毎日髪を洗うデメリットは、洗髪によって皮脂が奪われ過ぎて、皮脂が過剰に出てしまうこと。それによって薄毛も招くそうです。

でも洗わないと、臭いそうだし、自分が気持ち悪い。その場合は、お湯だけで洗う〝お湯シャン〟やドライシャンプーを試してみる。ベビーパウダーはドライシャンプー代わりにも使えます。皮脂が抑えられ、髪がサラサラになるので、試してみてください。皮脂の分泌が正常に整えられると、臭いの心配はなくなります。シャンプーの回数が減ると、髪に艶が出て、白髪防止になるとも言われています。ただし、かゆみや炎症、フケは出る場合は、皮膚科に行くなり、方法を変えてくださいね。

対策その2．ブラッシング

ブラッシングには、髪や頭皮に付着したホコリやフケを取り去るのと同時に、頭皮マッサージ効果で頭皮のコリほぐしと血行促進が狙えます。抜け毛の原因の一つは、血行不良。まずは、毛先のもつれをやさしく解きほぐし、全体に頭皮が気持ち良いくらいにブラッシングします。

また髪を洗う前には、必ず頭を下にして、首の付け根から頭頂部（つむじ）に向かって、ブラッシングしてみてください。血行促進プラス毛穴を引き上げる効果があり、汚れが浮き上がり、洗髪でキレイに汚れを落とせます。

対策その3．自然乾燥の危険

髪に良いので洗髪後は自然乾燥です、というお客様も時々いらっしゃいますが、これは絶対NGです。洗髪した髪はキューティクルが開いたままの状態。摩擦を受けるたびにキューティクルが傷つき、髪そのもののダメージも広がってしまいます。ですから、お風呂から上がったらすぐドライヤーで乾かしましょう。その際には、インバストリートメント（お風呂の中で使用し洗い流すトリートメント）とは別に、摩擦やドライヤーの熱から髪を守るアウトバストリートメント（お風呂上りに使用する洗い流さないトリートメント）を使用してみてください。私は香りでも癒されて、サラサラになるモロッカンオイルを使っています。このアウトバストリートメントですが、頭皮にはつけず、摩擦の多い髪の中心部から毛先に向かってなじませてから、ドライヤーで乾かします。

対策その4．食事を見直す

私たちの髪の毛の大部分は、ケラチンと呼ばれる18種類のアミノ酸が結合してできたタンパク質からできています。ケラチンは髪だけでなく爪や皮膚の角質層も形成していて、ビューティには欠かせない成分なのです。髪に艶がない、コシがない場合、この18種類のアミノ酸が不足している可能性が大きいのです。偏った食事は、美とは逆行するのです。いろいろな物をしっかり食べて、髪や爪、肌まで栄養を行きわたらせましょう。

一生モノの美しさを持っている女性は、
シャンプーをし過ぎない。

肌断食で肌に活を入れる

メイクもスキンケアも洗顔もお休み

夏と冬どちらが好きですか？　私は、薄着になれて、活動量があがる夏が大好き。寒い冬が本当に苦手です。冬が苦手な理由の一つに、冬になると老けて見えるというのもあります。

冬老け、この言葉を皆さん、聞いたことあるでしょうか。夏の紫外線のダメージはじわじわとしっかり肌老化を促進しますが、冬の乾燥と外気温の低下は即、女性を老けて見せます。

まず気温の低下によって、血流量が低下するのが原因です。「血流」血流は酸素や栄養を行きわたらせる重要な働きをしますが、夏の肌に比べて酸素不足、栄養不足で、顔色が悪く、くすんで見えるのです。

また外気がカラカラに乾燥すると、肌の角層のバリア機能が低下し、きめが乱れてしまいます。これは夏のエアコンに当たっている肌も全く同じ。夏でも冬でも、自分の肌を見て、触って、肌に必要な油分と水分を必ず与えてあげる。

でも気が付いたら、エイジングが怖くてたくさんの化粧品を買い込んでいませんか？　数種類もの乳液やクリーム、オイルなどの化粧品をつけて、ニキビができたり、てかったり、お手入れし過ぎで、本来の肌の機能が失われている女性も多いのです。

例えば風邪を引いたら、ひたすら寝る。医者の友達に言われるのが、薬なんていらないし、免疫力が低い時に病院へ行くと他の病気をもらうから、ひたすら寝て、なんです。

風邪を引いて熱が出るのは、人間の体が本来持っている自己治癒能力で戦っているから。

胃腸を休める断食が流行っていますが、肌も断食して、一度肌本来が自ら潤いを保とうとする力を育ててあげることも必要です。

この方法はあくまでも肌が生まれ変わるためのものではなく、肌本来が持っているリカバリー機能に活をいれるものです。例えばどこにも出かけない週末など、ぬるま湯で洗い、何もつけずに寝る。もちろん昼間のお化粧もお休みします。時々は引きこもって、肌もお休みさせてみる。〝可愛い子には旅をさせよ〟です。

この肌断食ですが、もともと肌が弱い方、アレルギーの方は医師と相談の上、行ってください。

一生モノの美しさを持っている女性は、
自分の肌を甘やかさずに育てる。

New York Style

CHAPTER

2

35歳からは生き方が顔に出る

20歳の時より50歳の今がキレイな人

部屋の汚れは体を見れば分かる

「20歳の顔は自然からの贈り物。50歳の顔はあなた自身の功績」

私が大好きなブランド、シャネル。創業者であるココ・シャネルが残した格言ですが、あなたは自分の顔を功績にできるような生き方をしていますか？

自分が年齢を重ねることで、この言葉が本当に深いなぁと思えるようになりました。

実は、女性の美しさは35歳からが勝負なのです。上手に手をかけることや心の持ちようで、魅力は増し、ぐんぐんキレイになれるのです。はっきり言って、若い頃に人目をひいた可愛いや美人を確実に追い抜くことができると思います。

その代わり、間違った手のかけ方や心のやさぐれ感、ネガティブさなどその人の生き様が、若い頃には隠し通せても、如実に顔に出てしまいます。

例えば極端な食事制限などの無理なダイエットを例にとると、若い頃というのは、細胞も若い分、決してやつれて見えず、すごくキレイに見えたりします。

しかし年齢が上がって、無理なダイエットをした人は、確かに体は細いけれど、お肌はカサカサ顔色も悪く、髪もぱさついていたり、なんだかギスギスして見えてしまう方が多い。

自然からの贈り物で外見がキレイだった若い時期を過ぎると、生き方、思考、マインドなど、バランスの悪さ、偏りが、悲しいことにすべて顔に現れてしまうのです。

意地悪な考え方をしている人は、目つきが悪く、やはり怖い顔になっているし、ネガティブなことをよく言う人、文句が多い人、愚痴の多い人の口元は歪んでいたりします。つらい人生を送ってきた人は、様々な不幸のシワが刻まれていて、人をだましたり、卑屈に生きてきた人に猫背が多いのはなぜでしょう。

加工食品ばかりを食べている人、好奇心という子供のような心を忘れ、閉鎖的に生きてきた人は、実年齢より確実に老けて見えるし、生活の乱れている人や、物を買いこんでため込んでいる人、部屋の掃除や片付けができない人も肌や体型に如実に現れています。

Facebook や Twitter で拡散された作者不明の名言ですが、本当にその通りだなぁと思うので、ご紹介します。

性格は顔に出る
生活は体型に出る
本音は仕草に出る
感情は声に出る
センスは服に出る
美意識は爪に出る
清潔感は髪に出る

落ち着きのなさは足に出る

一生モノの美しさを持っている女性は、
20歳より50歳の顔の方が美しい。

人には言えない〝黒い欲望〟を持つ

欲望はパワーになる

ニューヨークに移り住んで衝撃的だったことの一つは、多くの人が、自分の欲望を決して隠さないこと、またそれに向かって迷いなく、まっすぐに進んでいる人ほど成功しているということでした。それまでの私は、自分の欲とか欲望以前に、「君は何になりたいの？」と聞かれてもそれに答えられないくらい、自分を知らなかったのです。

仏教では、貪欲とは、恐ろしい三毒の一つとされていて、対処を誤まると人生を棒にふると言われています。久しぶりに日本に戻ってきて、社会全体が修行僧のように欲をなくしているように見えました。欲とは実は行動の原動力であり、それを知ることで、初めて、私たちは自分を知り、行動を起こせると思うのです。

例えば、常にストレスを抱えて当然と思ってOL生活を続けていたけれど、ある時自分と向きあって考えてみた。「実は私、絶対人に指示されたくないし、人にこのまま こき使われて終わりたくない」。だとしたら、小さいながらも会社をおこすとか、個人で成果をあげ報酬をもらえる仕事につけば、何倍も幸せを感じるはずです。

また、料理を作る意欲も才能も全くないのに、婚活受けをねらって、1年半も料理教室に通っている。実は出世欲がものすごくて、少し上の先輩より仕事は格段にできるし、根回し上手だし、残業もいとわない。いずれ女性幹部となりたい。「料理を作る暇があったら、仕事をしたい」。というのが心の声だったら、料理教室に通うことをやめて、出会う男性に正直に話してみることをおすすめします。昨今、料理ができることを求めている男性ばかりではありません。レシピ本を何冊も出している速水もこみちさんのように料理を作るのが大好きな男性と結婚して、彼の分も働く生き方もあるはずです。

AV監督で実業家の二村ヒトシさんが、「小さい頃から本当にモテたくて、エッチなセックスがしたかった。そのことばかり考えていて、ＡＶ監督になった」とお話しされていて、すごく単純明快で良いなぁと思ったのですが、自分の本音の部分、ブラックな部分に向き合うことって本当に大事なステップだと思います。

「実はお金大好きで、とにかく儲けたい」とか、「人には言えないけれど、人を支配してみたい」とか、「人に話したら、軽蔑されるかも」、と思うような自分の心の中を覗いてみる。それがあなたの本当に望むものなら、仕事や住む国までも変えてみる。

誰もが〝絵にかいたような幸せ〟に憧れるけれど、その幸せが〝他人から見た幸せ〟なら、決して幸せにはなれません。自分の欲望に向き合うこと。あなたの本当の〝なりたい自分〟を知ること。それを原動力に行動してみてください。

一生モノの美しさを持っている女性は、
自分の欲望に正直に生きている。

ネガティブにスポットを当ててみる

吐き出し成仏させてあげる

ニューヨークに住んで思い切って捨てたもの。

「分からない」、「できない」、「自信がない」、「無理」。

私の周りには使っている人が全くいなかったし、使わないで生活すると、運命がより良い方向に巡っていったのです。

愚痴、不平、不満、自己憐憫《れんびん》、そんなことばかり話している友人や同僚、上司はいませんか？　私の場合、そういう方といると、すぐ具合が悪くなるので、できるだけ会わないようにします。それができるのは私が会社という組織に所属していないからで、どうしても逃げられない環境にいる方も少なくないと思います。それって本当に辛いですよね。

私の友人で、左隣に座る同僚女性を嫌悪するあまり、左耳が聞こえづらくなった方がいました。もう労災の域です。

とはいえ、自分がいつもポジティブで太陽さんさん、毎日晴天なんてやはり不可能です。「はぁ」なんてため息をついて、ネガティブになってしまう日ももちろんあります。あってよいのです。

そんな時は、ネガティブな感情に、スペースを与え、スポットライトを当ててあげる。〝今日だけネガティブ〟の日を作って、すべて吐き出してしまう。仲の良い女友達とネガティブ大放出飲み会で、皆で一気に吐き出すのもとても楽しいはずです。最後は皆で笑い泣き。こんな風に吐き出せて、でも生きているって幸せだったんだ、楽しいなぁときっと思えるはず。明日から、無理難題を押し付ける上司にも、自分をおばさん扱いする若手女性社員にもなんだか優しく対応できてしまう。

ネガティブな感情を嫌悪して、認めてあげないと、人間は成長できないし、いつか心が病んでしまうものです。ネガティブな感情とは上手に付き合い浄化すること。

ニューヨークに住んでいた頃、たくさんのアメリカ映画を観ました。ハリウッド映画って、ハッピーエンドだけど、途中にネガティブなことや辛いこともたくさん出てくるのです。でも最後は皆で笑っている、そんな映画ばかり。これってアメリカ人の気質なんだと思うんです。

日本の映画は、最後がはっきりしなくて、視聴者にあの後どうなったんだろう、と余韻を残して考えさせる。テーマが奥深いのです。これも日本人気質らしい。

どちらの映画も好きだけど、自分の人生はアメリカ映画のようなネガティブを吐き出し、最後はプラス思考の口癖をもつ、それが素敵だなと思います。

一生モノの美しさを持っている女性は、
ネガティブのデトックス上手。

言霊で運を引き寄せる

心配事の80%は起こらない

ニューヨークに住んでいた頃、よく街で、知らない人からも服装やバッグ、髪型、香水の匂いまで褒められました。褒められると、その日一日心がほっこりする。アメリカ人って本当に褒め上手です。ポジティブな言葉は人も自分も温めてしまうんですよね。

言葉は〝言霊〟です。古代日本で、言葉には不思議な力が宿っていると信じられていて、発した言葉通りの結果を現す力があるとされていたのです。

「友達に嫌われたかもしれない」「この仕事絶対終わらないよ」「この先の人生どうなっちゃうんだろう」「もう年だから」などのような不安や不満、ネガティブな気持ちや言葉を発していると、脳科学的にも、その通りになってしまう。実際に能力が低下したり、見た目も疲れて見えて老化してしまうそうなのです。

私はポジティブになれないなぁと思う時に、良く思い出す言葉。

Be happy for this moment. This moment is your life.
「この瞬間を幸せでありなさい。この瞬間こそあなたの人生なんですよ」。
By ウマル・ハイヤーム（ペルシャの学者・詩人）

米国ミシガン大学の研究チームが行った調査によると、心配事の80％は起こらず、20％のうち8割は自己解決できるそうです。私たちの心配事や不安が本当になるのは全体のたった4％に過ぎないそうです。でも私たちは多くの時間をそこに費やしてしまっているのです。

「最近かなり太ったんです」は、「最近グラマラスな自分になれました」。
「私って本当にブスだわ…」は、「お化粧のしがいがある味のある顔だわ」。
「もう疲れた」は、「頑張ってる自分にご褒美をあげたい気分」。
「辛くてたまらない」は、「幸せを人一倍感じるための必要な時間」。

「嫌な上司」は、「私の人生をドラマチックにしてくれている貴重な人物」。

「忙しくて倒れそう」は、「充実した毎日で、夜はぐっすり寝れます」。

「最近彼氏にふられました」は、「人生のパートナーに出会うために起こった必然に違いない」。

「新しい部署での仕事が覚えられない」は、「自分にはまだまだ伸びしろがある」。


ほんの少し肩の力を抜いてみる。真面目な人ほど思い詰めたり、ついついネガティブになってしまいますが、〝明日は明日の風が吹く〟のです。物事の感じ方を正面だけでなく、横から後ろ、ちょこっと変えてとらえてみる。どんなにネガティブなことでも、見方を変えれば、とてもポジティブに変換できます。忙しい時ほど笑ってしまいましょう。

一生モノの美しさを持っている女性は、
言霊を使って運を引き寄せている。

脚が1cm短いからコンプレックス？

落ち込むのは比較するから

「つい自分と他人を比べてしまう」「人をねたんだり、羨んだりして落ち込んでしまう」と皆さんは、こういう感情にふりまわされて、疲れ切ってはいないでしょうか。

人は完璧ではありません。誰にも劣等感はあるものです。

私はニューヨークにいた頃、ニューヨークコレクション、ファッションショーの舞台裏で、スーパーモデルと呼ばれるモデルさんの生着替えのお手伝いをしていましたが、私から見れば、羨ましいと思える彼女たちにもコンプレックスはあったのです。

鼻がほんの少し高すぎるから小さい鼻に整形したい。仕事をたくさんもらっている同僚に比べて、脚が1cm短い……。など私から見れば、スーパーモデルとしてパーフェクトの彼女たちも人との比較で一喜一憂していました。

例えばあなたが他人と自分を比べる時、どんな比較をしているでしょうか？　他人にはいつも自信に満ち溢れて見えても、実は自信が全くなく、劣等感にさいなまれて、自分の足りない部分を、同じ道で成功している友人のものと比べてしまう。

その完璧に見える友人も、あなたと同じように自分の足りない部分に深く悩んでいるかもしれないのです。そして別の誰かが、自信に満ち溢れて見るあなたと自分を比較して、落ち込んでいるかもしれません。そもそも自分と他人の比較は、同じ観点から見ておらず、正しい比較となっていないのです。世界には何億人も人間がいて、比べることはナンセンス。

私はイメージコンサルタントという仕事を始めてから、同業者と自分の比較をしたことがありません。他の方がどんな風に仕事をしているかを全く見ていないのです。ご活躍している方、成功している方もたくさんいると思います。

見ない理由の一つは、他人との比較で落ち込みたくない。そして最も大きな理由は、私は仕事を通じて、お客様の人生の可能性を広げることがミッションです、そこから幸せや満足感を頂いています。その信念はゆるぎないものなのです。単純に他の人の仕事と比較はできないものだと思っているのです。

多くの人が、今目の前に見えることだけがすべてだと思ってしまう。そこで他人と比較し、落ち込んで苦しんでいる。単に運が良いだけで仕事が常にあったり、可愛いだけでずっとスポットライトに当たっていることは不可能だと思います。成功している人たちは、目に見えないところで相当な努力をしているはずだと思うのです。

だから比較して、落ち込んだり、なんだかずるいとか嫉妬をする時間があったら、自分もたくさん努力してみる。

私たちが成長するために必要なのは、他人との比較ではなく、自分との比較なのです。自分の頑張りを褒めて、ダメな点や問題点はこれから改善していこうと考えることができる人になる。他人とは比較しない。自分との比較でどこまでも成長する。

一生モノの美しさを持っている女性は、
自分との比較で成長し続けている。

自分の幸せは自分で決める

〝人から見た幸せ〟にしがみつかない

自分のことが分からないんです――。

自分が何に向いているか、何をしたいか、分からない。かつての私のように、モヤモヤとした感情で胸が一杯になっている日本女性が、街に溢れています。

ニューヨークに住んでいた頃、自分の夢を語り、その道に向かって邁進《まいしん》している人たちを見て、どうしてこんなに迷いなく、情熱的に生きられるんだろうと本当に羨ましかったのを覚えています。

「yumiko、君は何になりたいの？」

そう聞かれて答えられなかった私とは、大きな違いです。でもなぜ自分がモヤモヤしていたのか、長いアメリカ生活で気づきます。

実はずっと他人軸で生きてきたからなのです。それまでの私は、〝他人から見て、幸せに見える私〟という軸で生きてきたのでした。

大学を卒業し、大手企業に就職し、20代で結婚し、子供を産み、家を買う。それは本当に私が心から望んでいたものなのか、当時の私には全く分からなかった。当然だったり、人から羨ましいと思われる平凡な幸せが、幸せのすべてだと思っていたのです。

アメリカにわたり、自分が何者か、本当は何をしたいのか、根本から考えさせられました。今になって分かるのは、私は、～ちゃんのママとしてだけ生きるのではなく、自分という名刺で勝負できる人でありたかったんです。自分の意見を持って、相手に伝える。そんな当然と思えることを、実はちゃんとしてこなかったことにも気づきます。

あなたが当時の私のように悩んでいるなら、自分と向き合ってみてください。他人の目に惑わされない。あなたが心から楽しいと思えることを見つけてみる。

それは自分に嘘をつかないということです。「人に嘘をついてはいけません」子供のころから、親にそう教わってきた方も多いでしょう。

でも「自分に嘘をついてはいけません」そう教わった方がどれくらいいるのかな、と思います。どんなことも自分で考えるクセをつける。

一生モノの美しさを持っている女性は、自分軸で生きている。

わがままな人は、人を幸せにする

嫌われる勇気が自由を与えてくれる

「実年齢より上に見られる」「人から話しづらい人だと思われています」——。
そんなお悩みをお持ちのお客様が時々いらっしゃいます。皆さん、美人ばかり。ではなぜ年齢より上に見えてしまうのか？　共通点は一つ。自分にとてもストイックで真面目な方たちばかりなのです。理由は本当に様々ですが、先日いらしてくださったお客様は母娘関係。その確執に今も悩み続ける方が少なくないですね。

本来なら親からもらえるはずの愛情をもらえない。自己肯定感が育たず、自分は価値がない人間なんだと思い込んでしまう。鬱やパニック障害などで引きこもったり、らくで楽しい道もあったのに、あえていばらの道を選んで自分を傷つけようとしてしまう。

我慢したり、自分に厳しい生き方が当たり前になってしまうと、知らず知らずのうちにとげとげしくなったり、人を拒絶するオーラをまとうものです。自分としては精いっぱい他人に優しくしているつもりでも、オーラとなってまとってしまっている以上、なかなか周りの人には伝わらず、どうしても人間関係はうまくいかないものです。

自分に優しくしてますか？　気が付けば自分を追いつめていませんか？

私もそうですが、ついつい昔の癖で生真面目にストイックになってしまう。長いニューヨーク生活で学んだことは、〝わがままに生きる〟こと。

わがままは、日本語だとネガティブに聞こえますが、自由に生きることです。その際に当然必要になってくることが、〝嫌われる勇気〟と〝自己責任〟です。日本では、自由に生きることで、他者から嫌われることもあるでしょう。でも、嫌われることを恐れないことで、自由を得ることができるのです。これは自分で自分の責任を取れるようになった大人の女性だからできる生き方なのです。人に嫌われないように、好かれるようにと我慢してきたことを無理だったら、「ごめんなさい。できません」と言ってしまう。何か壁にぶつかったら、一人で抱えて踏ん張らないで、時には他人に甘えてみる。

実はストイックな人は、他人に甘えられない分、自分を愛しきれていないのです。

疲れたね、休もう。頑張ったね、すごいよ。自分を愛することができて、初めて他人にも優しくなれる。ストイックに生きてきた方、もっと自分にも他人にもわがままをたくさん許してあげましょう。

一生モノの美しさを持っている女性は、自由にわがままに生きている。

幸せになる覚悟とは、変化する覚悟のこと

〝今〟を手放すリスクなしに、新しい幸せはつかめない

「現在の自分が不幸なのは、実は自分で不幸であることを選んでいるから」
By アルフレッド・アドラー（心理学者）

「幸せになりたいです」多くの方がそうおっしゃいます。

幸せの形は、人それぞれ。お金があることだったり、素敵なパートナーがいることだったり、分かり合える友人がいることだったり、健康であることだったり、仕事を心から楽しいと思えることだったり、可愛い子供がいることだったり、美味しいものを毎日食べられることだったり、ラグジュアリーなリゾートホテルで休暇が取れることだったり……。

私は、この中のどれか一つだけなんて絶対選べない。全部欲しいなぁと思います。前作『幸せをつかむ人ほど「見た目」にお金を使う』にも書きましたが、自分にどう投資をし、次の新しいステージに進むのか。成功者と呼ばれるニューヨーカーから学んだ教えを私は今も続けています。

幸せになる。実は簡単そうに聞こえて、多くの人がなかなか出来ていないことなのです。なぜなら、私たちの脳は、幸せになることに伴う変化が怖いからです。

変化には様々なリスクをともなうかもしれません。必ず良いことが起こるとは限らない。今、幸せだと思っていたことを失うかもしれないし、とんでもなく不幸に見舞われるかもしれない。その予想不可能なことに、私たちの脳はストレスを感じ、変化を恐れ、幸せのために行動することよりも、今の不幸を受け入れているほうが楽だと思うのです。

どんなにひどい彼氏だけど別れられない。だって次に誰も現われないかもしれないから。仕事が本当に辛いけれどやめられない。だってこんな大企業には二度と入れないかもしれないから。なかには変化を恐れ、相手を恨むという執着で、どこかでつながっていたい方もいるのです。ずっと一緒に歩いてきた感情や状況を〝手放す〟ことは、孤独や寂しさが増すような気がして、とても辛い行為です。

例えば新しいことを習って、起業したいと思ったとします。でもお金の無駄になって、起業なんて無理かもしれない。そう思った時点で、起業は成功しないでしょう。

この変化を楽しめる人、様々なことを潔く手放し、新しいことを手に入れることのできる人だけが、幸せと次のステージを得ることができるのです。

自分の幸せは自分でつかむ。不幸を選ぶのではなく、幸せを選択できる自分でありましょう。

一生モノの美しさを持っている女性は、
幸せになるための覚悟を常に持っている。

大人の女性は夢を実現できる

引き寄せに必要なもの

世界中で大ブームとなった「引き寄せの法則」。悪いことは考えず、ひたすらポジティブになり、ダイエット、昇進、素敵な出会いなど、夢が叶った様子を想像すると、たちまち思考は現実化するというものです。

ニューヨーク大学のガブリエル・エッティンゲン心理学教授は、引き寄せの法則に相反する研究結果を発表しました。「夢見る人」の多くは非現実的な空想でエネルギーを使い果たし、行動できなくなってしまっている。

例えば減量プログラムに挑戦中の女性のうち、半数にはスリムになって外出する姿を想像してもらい、半数にはドーナツの誘惑と必死で闘う姿を想像してもらったところ、一年後、ダイエットに成功したのはドーナツの誘惑と必死に闘う姿を想像していたグループだったそうです。

もし皆さんの中に、引き寄せの法則をおまじないか何かのように、ただ願うだけで行動せずに叶えられると思っている方がいたら、幸運を引き寄せるのは難しいでしょう。

ディズニーランドやディズニー映画が成功する秘訣に3つのポジションというものがあります。

1. ドリーマー（夢想家）
2. リアリスト（現実家）
3. クリティック（批評家）

この3つの要素を兼ね備えたバランスの良い人が、成功し続けるというものです。

例えば、グリム童話のシンデレラのように、素敵な王子様がガラスの靴を持って、私の家を訪ねてくれる、夢想家の私がそう空想します。そこで、現実家の私が、王子様に出会える舞踏会に実際に行く必要があるから、お金をためて舞踏会のチケットを買いなさい、とアドバイスをするのです。そこに、批評家の私が出てきて、王子様は国中の女性たちの憧れの的で、賢くてキレイな女性がたくさんいるから、あなたも教養と知性、美しさを磨かないといけないわ、と教えてくれる。これによって、はじめてシンデレラの私は、王子様と出会い、ガラスの靴をはいて王妃となるのです。

ただ夢を見ているだけでは、シンデレラのようにかぼちゃの馬車も魔法使いなども現れることはないでしょう。

幸運を引き寄せるには、夢を見ることも大切ですし、冷静に物事をとらえる力や、それをポジティブに引き上げる思考が必要なのです。私の場合、現実家と批評家は自分の中にいつもいて、夢を見ることを「そんなこと起こるわけがない」「無理にちがいない」と思いとどめていたのです。ニューヨークに住んでから、出会う人が変わったことで、「あなたならできる」と背中を強く押してもらい行動を起こせました。

成功者と呼ばれる人たちは、この3つの能力をすべて兼ね備えてる方が多いと思います。でもこの３つの能力を持たずに成功している人もいるはずです。それは、自分に足りないものをおぎなってくれる友人やメンターに周りにいてもらい、アドバイスをもらっているからです。

困った時は、人から助けてもらえる人間である。そして同じように人を助けられる人間であることも大切です。

一生モノの美しさを持っている女性は、
幸運を引き寄せる方法を知っている。

ネガティブをスルーする鈍感力

一晩寝たらケロっと元気

私の周りにいる成功者と呼ばれる人たち。日欧米問わず、共通点は一体何なのか。その秘訣を盗めるものなら盗みたい、そう思いながらご一緒しています。

成功する人、人より高みに立てる人は、とても鈍感力が高い。渡辺淳一さんの２００７年発売のエッセイから、当時の流行語にもなった言葉が「鈍感力」。

「あなたって鈍感ね」。そう言われて喜ぶ人はまずいないと思います。でもここで言う「鈍感力」をお持ちの方は、空気が読めないとか人の気持ちが読めない、の真逆なんです。落ち込んでいる自分を気づかせないようにしていても、他人から見たらミクロレベルの違いに気づき「何があったの？」と、聞いてくる。人の心に敏感な人たちなのです。

例えば会社でミスを犯し、関係会社も巻き込む大騒動になったとしましょう。上司にこっぴどく怒られ、大概の人は青ざめたまま家に帰り、一人で深酒。思い詰める人だと会社を辞めて責任を取るべきかと悶々と心暗く過ごすことになります。

しかしこの「鈍感力」が高い人は、その直後こそは、神妙な顔をしますが、すぐにケロッとしてへこんでいないのです。

落ち込んで立ち直りが遅い人は、完璧主義者だったり、小さい頃から、他人の言ったことに敏感に反応してしまう人が多いのです。だから小さなミスでも、ストレスを抱えて落ち込みやすい。怒られたことや批判されたことを自分のなかで、大げさに受け止めてしまい、とらわれ過ぎて苦しくなってしまうのです。

逆に「鈍感力」を持っている人は、起こったことに反省こそすれ、ネガティブな感情を処理する能力が非常に高い。だから、へこたれずに、物事を前向きに捉えていけるのです。

私は小学校の時の通知表に、「感受性が非常に強く、優しい分、人の気持ちを自分のことのように感じてしまう点が心配です」と毎回書かれていました。だから今、その性質を活かして、メンタルアプローチのイメージカウンセリングを行い、周りの方を見習って、どうしたら、鈍感力を上げていけるのか試行錯誤しています。

理想的な鈍感力とは、人の気持ちを分かる敏感さを持ちながら、ネガティブな感情を2晩も持ち越さず処理できること。そして自分に都合のよくないことは聞き流すのではなく、受け止めて改善させる成長幅があること。

鈍感力が高い人は、必ず信念を持って生きています。信念があれば、悪意ある話やネガティブな情報に振りまわされずに済みます。信念がないと、ついつい悪意に正面から向き合ってへこんでしまうものです。悪意には正面から向き合う必要も対処する必要もないのです。

世の中には次元が違って理解しあえない人たちが必ず存在します。信念を持ち、自分の進むべき道を進んでいれば、悪意ある人たちは不思議なくらいいなくなってしまうものです。

こんな時代だからこそ、あえて強く生きるための「鈍感力」を高めましょう。

人の評価で生きるのではなく、自分の評価やステージを上げることを大切にする。
必要なこと以外は、受け流す。完璧を求めない。人生、何とかなると思う。

一生モノの美しさを持っている女性は、鈍感力も持ち合わせている

夜の魔物に取り憑《つ》かれない

嫌なことを忘れるのは寝るのが一番!!

「仕事や人間関係などに行き詰まって悩んでいるんですが、どうしたらよいですか?」これもよく聞かれる質問です。昔の私は、なかなか脱出できないループに入り込んで、悶々とした日々を過ごしていました。アメリカ人の友人に教えてもらった方法は、〝悩み〟だけを頭の外に取り出すというもの。

「What a ridiculous !」(ばかばかしい)なんて思ったもののですが、実は、今では何かに行き詰まったりすると、悩みを頭の外に出すイメージトレーニングをしているのです。このイメトレですが、ちょっとすっきりするので、皆さんにもおすすめです。

ぜひ試してみてください。

悩みによって、頭の中や心の中が一杯になってしまうと、別な角度から物事が見られなくなり、良い解決方法がなかなか生み出せなくなります。

悩める時の私の一番のおすすめは、悩んでいる暇があったら、寝ること。

長時間起きていると、脳の働きが落ちるだけではなく、脳が疲労し、気分が落ち込んでネガティブな発想が生まれやすくなるのです。

考え事こそ、夜には向かない作業。夜に思い詰めて、彼にＬＩＮＥして自爆した、そんな経験お持ちの方多くないですか？

夜には、魔物が住んでいます。悩み事は、夜にしないことがおすすめです。

最適な睡眠時間には個人差がありますが、睡眠が十分だと健康状態が良くなり、時間当たりの生産性が高まることは多くの研究結果として発表されています。

折しも昨年の流行語大賞に入ったのは、〝睡眠負債〟でした。24時間働いているのが格好良いと長年言われてきた日本ですが、今は寝ないで仕事をしている人たちは自己管理能力が低いと欧米のように言われ始めています。

日本アンチエイジング・ダイエット協会では睡眠学も教えています。〝睡眠＝ただ体を休める〟と思われがちですが、実は人が眠るというのは、それだけの効能ではないのです。

眠りにつくと、ノンレム睡眠という深い睡眠状態がしばらく続きますが、この間に脳内で必要な知識と不必要な知識をより分けて、記憶の定着が行われたり、ストレスが取り除かれたりしているのです。

寝ないでテストを受けて、高得点が取れなかった方、実は寝ている間の知識の定着が行われていなかった結果です。そして睡眠不足は、「もうお腹一杯だよ」と満腹を感じさせるレプチンというホルモンの分泌を減少させます。

つまり、寝ないで悩みと向き合えば、生産性が落ち、良い解決方法が見つからないだけではなく、食欲が増進されてしまうのです。だから、行き詰まった時ほど、寝てみる。

でもつい考えてしまうという方は、悩みをすべて紙に書き出してみる。気分転換に映画を観たり、ウォーキングやストレッチなどで自律神経を整える。アロマを一滴ティッシュなどに垂らして、枕元に置いてみる。ハーブなどのサプリメントを試してみるのもいいですね。

一生モノの美しさを持っている女性は、
悩んでいる時間は寝ている。

幸せの正体は小さな感謝

宝くじでは得られないもの

忙しい現代人は、実は、幸せホルモンと呼ばれるセロトニンが不足しています。幸せホルモン、セロトニンが不足すると、睡眠を促すメラトニンが十分に生成されていない可能性があるのです。

セロトニンとは、脳内で情報をやり取りする時に使われるものですが、不足すれば、怒りっぽくなったり、疲れやすかったり、気分が落ち込むなどして心のバランスが取れなくなります。鬱やギャンブルやお酒に依存する人たちも、このセロトニン不足が大きな原因の一つと言われています。

電車の中や街中でキレている人、年々増加していませんか。ちょっとぶつかっただけで、暴言を吐いたり、会社でもきーっとなっている人を見かけたら、可哀想に、幸せホルモン、セロトニンが不足しているのね、と思ってあげてください。

セロトニンを増やす生活とは
・体と心のリズムを整える朝の太陽の光をしっかり浴びること。
・筋トレやウォーキング、しっかり噛んで食べるなどのリズム運動を行う。
・実はセロトニンは脳と腸で作られます。腸活も大切です。
・友人、パートナー、大好きな人たちと笑い話し、スキンシップをする。

私のお客様に、ちょっとしたことでも感動したり、相手に感謝を伝えられる方がいます。「わ〜すご〜い」「大好き」「ありがとう」と素直に口にして言えるのです。時々ご一緒するのですが、心から見習いたいなぁといつも思います。

あなたが毎日の平凡な暮らしの中で、もし「幸せ」を感じにくくなってしまっているのなら、それは「幸せ」のレベルをあげてしまっているからではないでしょうか。

例えば前の彼が、超お金持ちで、ビジネスクラスでハワイの三ツ星ホテルに連れて行ってくれたとします。次の彼は、飛行機はエコノミークラスで、ホテルもワイキキが全く見えない山側のスタンダードクラスで、しかも割り勘。「私って最高に不幸」と旅行中ずっとふくれっ面で、結局別れてしまいました。その後、山側ホテルの彼は出世し、誰もがうらやむニューヨーク勤務が決まり、新しい彼女と結婚してニューヨークに引っ越していきました。

あなたはいまだに婚活中で、ハワイをおろか、旅行に連れて行ってくれるような男性すら巡り合えていません。

人は大きなイベントや出来事、刺激に対し「幸せ」と思ってしまいがちです。そしてそれが叶えば「幸せ」になれるに違いない、と求めてしまう。でもそんな大きな出来事は人生に何度も起こるものではなく、そこで感じた〝幸せ〟な気持ちはそう長く続かないものです。

ノースウエスタン大学の研究で、一般の人と1年前に高額の宝くじを当てた人の幸せレベルを測定したところ、両グループが幸せを感じる割合はほぼ変わらなかったそうです。

実は最高に幸せになれる人は、毎日の生活の中の小さなことに感謝できる人なのです。

急な雨で、ビニール傘を買おうと街のタバコ屋さんによったら、おじさんが50円まけてくれた。「今日は何て良い一日なんだろう。この50円で近所の神社にもっと良いことが起こりますように、とお願いに行こう」。こんな風に思える毎日の積み重ねが、私たちに幸せホルモン、セロトニンを出してくれる。自分と自分の周りの人たちをたくさん豊かにしてくれるのです。

一生モノの美しさを持っている女性は、
小さなことに感謝し幸せを感じられる人。

変化に強い人が幸せになる

人生は何が起こるか分からない

就職、結婚、出産、転勤、転職、起業……。

女性は一生のうちに何度も転機を迎えます。人生が、自分の予測以上の大きな転機に溢れていて、人生設計を立てることがままならない、そう感じている女性も少なくないでしょう。

そして陣痛に生理痛、女性は痛い思いもたくさんします。男性は「陣痛」の痛みに耐えられず死んでしまう、そんな話もあるくらいです。

生物学の面白い実験結果があります。実験用のラットを四角い箱に入れて行動を観察すると、テリトリーを守る本能があるオスは、緊張のためたくさん糞をし、新しい場所が安全かどうかの恐怖心がとても強いそうです。反対にメスは、自由に動き回り大胆に行動する傾向がある。

生物学的にみても、女性は男性よりも環境の変化に強い生き物だそうなんです。

結婚をするかしないか、子供を産むか産まないか、夫の転勤についていくかいかないか。自分のキャリアの追求と、家族を持つことであらたに生まれる人生の課題に直面するかもしれません。

私がアメリカに暮らしていた頃、「アメリカなんて大嫌い。だから早く日本に帰りたい」と会えば愚痴ばかりで、ずっと家にひきこもって過ごしていた駐在員の奥様がいました。なんとも勿体ない。

住みたくても住めない人が世の中にたくさんいて、たくさんのお金をかけてやっとの思いで住んでいる人たちも多い中、会社のお金で違う文化や環境を期間限定で学べるのです。

私のお客様のキャリア女性で、ご主人が、自分の親の会社を継ぐために地方に戻った方がいました。大好きな東京を離れて、大好きな仕事を捨てて地方に引っ越せるのか。今、1年間の期限付きの別居婚中で、心底悩まれています。こんな話をすると、男性を選ぶ時に、長男でないこと、地方出身でないことを条件にする方がいらっしゃるかもしれませんが、何が起こるか分からないのが人生です。

どんな状況になっても、その場所でたくさん楽しめる自分でいる。たとえ離婚して東京に残ったとしても、旦那さんの住む地方に住んだとしても、その選択を楽しめれば、きっと素晴らしい人生になるでしょう。人生には必要な転機があるのです。

変化を受け入れられるしなやかな女性が、これからの時代に生き残っていく人たちです。

一生モノの美しさを持っている女性は、
環境に合わせた七変化を楽しんでいる。

ドラマを起こして主役を演じる

主役のためのシナリオを書く

なぜ美しくなりたいのか。なぜ幸せになりたいのか。なぜ生きるのか。

ニューヨークに元宣教師の友人がいて、当時、死を恐れてた私に「Yumiko 私たち人間は、肉体を使って魂が何かを全うするために生まれてきたんだよ。死はそれを終了したから起こるのであって、決して怖いものではない」。そう教えてくれたのでした。

この話を聞いて以来、ずっと生きやすくなれたような気がします。人生を魂の自己実現と捉えると、人との比較も全く意味を持たないし、自分に起こったことでいちいち落ち込んだり悶々としてしまうのは、無駄なエネルギーを消費しているに違いないです。そして魂が何らかの目的をもって、この体に宿っているなら、「何がしたいの?」たくさん問いかけて、すべてを全うしてあげるべきではありませんか。

その昔、20代の頃ですが、青山にあるシナリオセンターに通っていました。当時はやっていたドラマを観て、自分ならもっといいものが書ける、そう思ったのです。

そこで学んだことは、シナリオでは、主役も脇役もちょい役も登場人物すべてに息吹を与えてあげないといけないということ。嫌な脇役がいるから主人公に感情移入できるし、苦しんだり、悲しんだりするから、感動が生まれます。良い人たちに囲まれ、平凡な毎日を描いたシナリオでは、面白みにかけ、視聴率は取れない。

そう考えると、今、あなたの周りにいる嫌な人たちも、あなたのドラマに必要な登場人物で、物語に息吹を与えてくれる人たちだと思えませんか。

自分の人生のシナリオを書くのも主役を演じるのも、脇役を決めるのも、すべてあなたなのです。物語をドラマチックにするために、行動を起こしたり、ワクワクしたり、ハラハラさせることもあなたならできるのです。そして主役にどんな服を着せるのか、どんな髪型やメイクにすれば、ドラマにもっと厚みがまして面白くなるのかをたくさん楽しんで欲しい。

自分の人生に目的をもち、ドラマをたくさん起こせば、人生は楽しい修行の場に変わるはずです。

一生モノの美しさを持っている女性は、
ドラマをたくさん起こしている。

愛を語るより口づけをかわそう

五感で選ぶと気持ちいい

日課のように婚活のお話にアドバイスさせていただいております。

婚活だからと頭でっかちになっている方、大多数。恋愛の成功体験のない方、大多数。

恋もたくさんしていないのに、付き合った経験も少ないのに、相手に求める条件ばかりが厳しくなってしまう。本来、恋というのは、本能でするものですが、左脳で考えすぎてしまって、恋愛ができない人が増えています。

五感の中の嗅覚。私たちは、この嗅覚で、相手の体臭から、フェロモンとして分泌しているＨＬＡ遺伝子を嗅ぎ分けて、恋に落ちているそうなんです。人は自分と異なるＨＬＡ遺伝子を持つ異性に強く惹かれてしまう。それは自分と遺伝子が遠い人の方が、よりよい子孫を残せることが動物的本能で分かっているから。だから年頃になると、父親を嫌悪するのも、実は近親相姦を避けるために、私たちの遺伝子にプログラミングされているそうです。

「匂いが好き」。五感で好きになれる人が、本来恋をするお相手ということです。

でも多くの人が自覚していないのに、嗅覚は20代をピークに年とともに衰えていってしまっているそうです。嗅覚が衰えると、やる気がなくなったり、筋力が低下したりと意外な影響が出ることが、研究で分かってきています。「恋なんて面倒くさい」。そう思ってしまう原因は、実は嗅覚の衰えかもしれません。

食べ物や草花、空気、柔軟剤や香水など、身の回りのにおいを嗅いでみてください。「雨上がりの空気は気持ち良い」などと意識しながら嗅ぐだけで、脳内回路のネットワークが強まるそうです。

30代後半のお客様は、昔の失恋が原因で、なかなか男性に積極的になれず、付き合ってもまたフラれるのではないか、とつい相手の男性に冷たく接してしまい「よく理解できない」と言われて終わってしまうパターンを繰り返しています。これは婚活に疲れたとおっしゃるお客様にとても多いパターン。相手を信頼せずに怖がってばかりいては、自己肯定感は永遠に育ちません。自分を必要としてくれる人、自分の理解者、自分を大切にしてくれる男性に巡り合えたら、昔の彼は忘れて、思い切って付き合ってみてください。

いいなぁと思う人が現れたら、まずはＬＩＮＥの交換をしてみる。メッセージを送ってみる。ひとつずつステップを上がってみてください。もしフラれたら、ＨＬＡ遺伝子が近かったのね、とさっと忘れてしまう。

あなたの運命を変えるには、あなたの自己肯定感を高める小さな成功体験を増やしていくことです。成功体験を増やしてくれるお相手は見逃さないでください。頭で考えずに本能で動いてみる。

「キスが先。恋は後。」。イヴ・サンローランの素敵なＣＭコピーです。

一生モノの美しさを持っている女性は、たくさんの小さな成功体験を増やしている。

心の余裕が美しさにつながる

自分の感情を整理する

男性、女性を問わず、私が素敵だな、美しいなぁと惹かれてしまう人は、心に余裕がある人。

社会的に成功者と呼ばれる人でも、他人に厳しく、せかせかしている余裕のない人たちは、全く素敵に見えないものです。

いつも服が乱れている、髪の毛がぐちゃぐちゃ、スマホをバッグから取り出すのも中がぐちゃぐちゃで時間がかかる、いつも待ち合わせに遅れる……。そして、焦ってイライラして、自信が持てない。

余裕のある人は、自分の感情を整理するのがとてもうまいのです。

これは部屋の整理整頓と同じで、頑張ってやろうと思えば、実は誰もができるものなのです。でも気が付けば洋服の山に埋もれてしまう人がいるように、心がけていないと、ついつい感情の山に埋もれてしまうから本当に危険です。

運命を変える感情の整理術をお伝えします。

・ハプニングが起こっても、これはドラマだと楽しんでしまう。
・「もう嫌だ」と感情的になりそうになったら、ひと呼吸おいてみる。場所を変えてみる。
・行動も心も5分前行動を心がけ、電車に飛び乗るような慌ててバタバタする毎日とはさよならする。
・鈍感力を高め、人から言われたことのすべてを真に受けない。必要なことのみを受け取り、落ち込んだ時の心の切り替えを早める。
・忙しい時ほど、あえて丁寧に対応することを心がける。
・自分の心地よさを大切にして生きる。
・人への感謝の気持ちを常に忘れない。
・自分ひとりの時間を充実させる。

これができる女性は自信に満ち溢れて、誰から見てもとても美しく魅力的に見えるはずです。

一生モノの美しさを持っている女性は、
部屋の整理も感情の整理も得意。

New York Style

CHAPTER

3

モテることをあきらめない

美しいトゲを身にまとうテクニック

攻撃のためではなく守るための強さ

ニューヨークに住んでから、考え方が変わったことはいくつもありますが、その中の一つは、本当の女性の美しさは何か。

ニューヨークでは、自分の意見の言えない女性は全然モテません。成功者と言われる男性ほど、外見の美しさだけでなく、知性を求めてきます。

〝美しいだけでなく、しなやかな強さ〟を持った女性が、目減りしない一生モノの美しさを持った女性だったのです。強い女性と言うと、日本では生意気で怖いイメージがありますが、決して相手を攻撃したり、フェミニスト的に主義主張を唱えるものではありません。

美しい女性の〝強さ〟とは、他人に左右されない自分軸を持っていて、それでいて人の話がしっかり聞ける。誰にもフェアに接することができる。そういう女性は、心に余裕があるし、自信もあるので、人にやさしい人ばかりなのです。

花で言うと薔薇のイメージ。

美しい薔薇には、様々な効能があり、古来から人々を魅了してきました。薔薇の香りには、女性ホルモンと同様の効果が見られ、ストレス解消・リラックスにも効果的です。

また胃腸の働きを整えたり、記憶を定着されるなど、薔薇は、見た目の美しさだけではないのです。Takeではなく、Giveする花なのです。

「美しい薔薇にはトゲがある」

薔薇はその香りに誘われて、多くの害虫が寄ってきます。そのために新芽からトゲに覆われていますが、そのトゲは有毒ではないため、実は害虫に食べられながら共存しているのです。

薔薇を見るたびに、トゲは、美しい女性の持つ〝強さ〟のようだなぁと思うのです。
誰のことも攻撃せずに、自分が自分らしくあるためにトゲを持ち続けている。

一生モノの美しさを持っている女性は、
美しさとともにトゲも持っている。

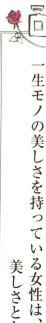

新しい素敵な下着を買う

古い下着には古いエネルギーが

アメリカに住んでいた頃の友人に、絶対毎日の下着に手を抜かないという女性がいました。

理由は「突然の病気や事故で、救急車で運ばれたときに恥ずかしくないように」。

今でも下着を選ぶ際に、彼女の言葉を時々思い出します。

大半の人たちが目に見えるものだけを気にしますが、大事なものは目に見えないところに隠されていたりしませんか。

彼氏ができたら、新しい下着を買う予定、そう願いながら何年も新しい下着を買っていない方、古い下着を捨てると新しい彼氏ができるという都市伝説をご存知でしょうか。

私たちの肌に直接触れる下着ですが、風水的に言うと、古い下着は、古くなったエネルギーを身にまとっているのと同じことになるのです。幸せを呼び込んだり、新しいご縁を生むのは古い下着ではできないということです。

目に見えない部分に気を配れない。手間もお金もかけない人は、女子力が低下します。

指のネイルは季節感まで出して、毎回こっているのに、足の爪は汚くて、かかとは角質でがちがち。

メイクばっちりなのに、家のトイレが汚い。それも運気を大いに逃します。

また下着ですが、上下別々でもばれにくい黒の下着ばかりを身に着けていると、肌が老化してしまいます。黒という色は、光を伝えられない状態になるので、下着や洋服でずっと身に着けていると、肌がしなびてしまうそうです。風水でも黒い下着は、血の巡りが悪くなり、病気を誘発しやすくなると言われています。

「その日、ひょっとしたら、運命の人と出会えるかもしれないじゃない。
その運命のためにも、できるだけかわいくあるべきだわ」

By ココシャネル

一生モノの美しさを持っている女性は、
古い下着を捨て、運命を変える下着を購入している。

コミュニケーション力は最高の武器

「ちょっと無理」を「好き」に変える

日本でも世界でもモテる女子の共通点は、2つ。

まずは外見。美しかったり、可愛かったりはもちろんですが、チャーミングな人はとてもモテます。男性は視覚から女性を好きになる生き物です。

男性は女性を「超好み」「相手からきたら付き合っても良いかな」「ちょっと無理」。大きく分ければ、この3つに分けています。

ここで不安に思われた方、男性の好みのタイプは千差万別なので、誰もが石原さとみさんみたいなルックスでなくても大丈夫です。私の友人の男性には、背の高い骨格が大きい女性がとにかく好き、だったり、ぽっちゃりばかりに惹かれる、可愛いより個性的な顔が好み、まで実に様々です。

とにかくあなたらしい個性を出した服装、髪型、メイクで見た目を上げておくこと。

次に大切なのがコミュニケーション能力。これは本当に恋愛、仕事でも要の役割を果たします。あなたの周りに、大して美人でもないのに、常に男性が寄ってくる女性はいませんか。そういう女性は、このコミュニケーション能力の高さで、最初、男性に「ちょっと無理」にカテゴライズされても、それを〝好き〟にかえる底力を持っています。

近寄りがたく見える人でもそうでない人でも、〝話したら、とても話しやすかった〟は大切です。妙に自分で壁を作ってしまう人や、初対面だと、とても緊張してしまう人は、なるべくいろいろな人と会って話す機会を作ることで、慣れていきましょう。

でも一番大切なのは、あなたのマインドだと思います。目の前にいる相手を好きだなと思い、好奇心を持って会話することで、質問は自然とでてくるものです。

日頃から好奇心旺盛に、いろいろなものを吸収してみる。様々な経験をしていると、会話を広げることができます。また経験豊かな方は、1＋1が必ずしも2にならないことを知っていて、相手の話を柔軟に理解する心があるのです。

「3度の飯よりミュージカル好き」などあなたの好きが抜きんでてはっきりしているなら、同じようにそれが大好きな人と出会う場所に行く。感動や興奮の共有は一体感が生まれ、恋に落ちやすいのです。コミュニケーション能力は、今日習って明日から上げることは難しいものです。まず能力の高い友人や先輩などの良いところをまねてみることから始めてみるのも手です。

一生モノの美しさを持っている女性は、
コミュニケーション上手。

「モテない」を年のせいにしない

経験が知識や知性となる

日本に戻ってきて7年。20代後半で「もう年だから」と、焦って婚活をしている女性にお会いするとびっくりします。

結婚相談所の話では、会員男性のほとんどが最優先項目に女性の年齢をあげ、40歳で美人でキャリアを持っている女性よりも、32歳の普通の女性を求めているそうです。多くの女性たちが頑張りすぎて自分を見失ったり、失望したりする理由がよく分かります。

時間と言うのは、誰にも平等で、私たち一人ひとりに20歳の頃が等しくあったのです。

神様は、まず私たちにたるみのないぴかぴかの身体を与えて、そこにシミやシワなどの生きてきた証を残していく。

でも生きてきた証を老いをとらえるのは間違っています。年齢を重ね、経験を積むことであなたの内面は、若い頃より艶やハリを増やしていませんか。あなたの得た経験や知識は知性となってあなたを支えているはずなのです。

20歳の頃は、人から良く見られようと思って、鎧《よろい》を着て、友達や周りの人たちに合わせて不自由に生きてきた人たちも、年齢を重ねることで、肩の力を抜いて自分らしさにフォーカスし、自由に生きられるようになっていく。

見た目の若さだけにフォーカスすれば、いつか心は絶望してしまいます。そして周りから見ても、年齢に固執している女性はいつも不安を抱えていて、魅力的に見えないはずなのです。

「私は年をとったからモテない」そうなってしまう女性の多くが、自分の内面にフォーカスせずに、美しさや人の魅力は「若さ」にあると思い込み、若さを追い求めてしまっている人たちです。

美しさとは、あらゆるものを豊かに含んでいること。そしてもちろん見た目もとても大切です。40歳が30歳に見えるような見た目を追求するのではなく、中からも外からも輝くような、年齢を超えた、年齢不詳の美しさを追求すれば、それは一生モノになります。

そして結婚相談所に入って、理由もなく自信を失ったり、自尊心を高く保てないなら、そこはあなたがいるべき正しい場所ではありません。

別なところでの出会いを求めることを強くおすすめします。

一生モノの美しさを持っている女性は、
あらゆる豊かさを増やし続けている。

女子ではなく成熟した女性を目指す

〝可愛い〟より〝個性〟

「可愛い＝誰からも好かれる」。日本では大人になっても、女性の可愛い信仰が根強く残っています。確かに可愛い格好をし、一生懸命たどたどしく話をしている女の子を見ると、私から見ても可愛いなぁと思います。そして確かに万人受けするだろうとも思います。

ただ、年齢を重ねて、万人受けのまま進化を止めていると、明らかにニーズが減り始めるのです。22歳のあなたと38歳のあなたが、同じでは決して魅力的に映らない。

缶に男性の顔が描かれているポッカの缶コーヒー。発売されたのは１９７２年。パッケージの顔は、時代のニーズに合わせて徐々に変化し、長かったもみ上げをカットしたり、ソース顔から醤油顔へ。10回も顔、イメージを変えて87億本を売ってきたそうです。

缶コーヒーが売れるために外見を変えるように、私たちも変化し続ける必要があるはずです。

大人の女性はもっと自分の個性を伸ばして良い世代だと思います。自分らしさで勝負して、市場を拡大し勝てるお年頃なのです。20歳の頃、個性的で万人受けしなかった友人が、38歳になって、男性にモテて輝いていたりはしませんか。

誰かが作り上げた男性目線という名の〝こうあるべき〟に洗脳されて、その人の個性が全く見えず、その他大勢の一人になってしまっていては、もったいないのです。

大人の女性の可愛さは、服装ではなく中身から出るもの。

相手の話をちゃんと聞ける余裕がある。年齢に関係なく、様々な人たちから学ぶ素直さや遊び心を忘れない無邪気さをもっている。

周囲にさりげない気遣いをしながらも、困ったときは甘え上手になってしまう。そんな女性は目減りしない本当の美しさで、いつまでも輝けるはずです。

一生モノの美しさを持っている女性は、
自分らしさで勝負している

女からモテる女は一流

女性に嫌われる女は安っぽい

こんなお悩み相談を頂きました。「彼氏いない歴3年。付き合う男性をコロコロ変える実は嫌いな女友達がハイスペック男性と婚約しました。嫉妬して本気で苦しいです。どうしたら良いでしょうか」。

これは確かに辛いですね。ただこのままでいると、嫉妬心がどんどんあなたを蝕《むしば》んで、悪いオーラを発するようになります。

まず嫉妬している自分の心を否定せずに受け入れてみてください。嫉妬心で辛すぎる場合、思い切ってその友達から離れてみる。そして嫉妬心をモチベーションに変えて、彼女よりもっと素敵な男性と結婚できるよう自分磨きをしてみてください。

美人で男性にモテる、美人じゃないのに男性にモテる、本人は人並みなのに夫や彼氏がイケメン、家や結婚相手がお金持ちなど、女性から嫉妬される理由は様々です。人の嫉妬心は、自分と類似性が高い相手に対して起こる感情です。TVで見ている美人女優さんに抱きにくいのは、類似性がほとんどないから。

心理カウンセリングには、嫉妬する側よりも、嫉妬される側の相談件数の方がはるかに多いそうです。皆さん、嫉妬されて悩んでいるのです。

「異性にモテるけれど、同性に嫌われる」
「異性にモテない分、同性に好かれている」
究極の選択ですが、あなただったらどちらを選びますか？

絶対どちらも嫌でしょう。ということで、目指すのは、女性にも男性にも好かれる女性。それって無理じゃないですか、と思われた方、目指すのは女性に一目置かれて尊敬される一流の女性になることです。女性にモテる女性は必ず男性にもモテるというおまけがついてきます。男性受けを狙う女性は、メッキのように安っぽくて品がないから、女性に嫌われてしまうのです。

これから目指すのは、メッキではなく燦然と輝くゴールドで品位のある女性。人は高みに立った相手を尊敬はしても、なかなか嫉妬しづらいものです。そしてそこまで高みに立てば、ちっぽけな嫉妬は気にならなくなるし、自然消滅的になくなっていくものです。

ゴールド女性のしてはいけないことは、自慢、群れる、裏表のある態度や行動、人の好き嫌い。メッキはすぐはがれることをお忘れなく。

一生モノの美しさを持っている女性は、ゴールドに輝いている。

人とお金は自立した女性に集まる

一人でも楽しい、二人は2倍楽しい

引力のように、人もお金も成功も引き寄せる女性がいます。その人たちの共通点は、〝自立〟。ここで言う自立とは、働いて自分のお金で生活していることだけを指すものではありません。

自活していても自立できない人というのは、自分軸で生きていない人を指します。つまり自分の脳で考えることを最初から放棄しているので、ついつい恋人や友人、親など、周りの人間に依存しがちになるのです。

その結果、常に他者からの評価で生きることとなり、他人の目を気にした人生を送ることになります。だから他人から評価されないと、自分には価値がないと簡単に思ってしまう。

セルフイメージが常に低く、自己肯定感が育っていないため、常にモヤモヤを抱えて生きていくことになります。モヤモヤしている人には、オーラがないし、他人からみて魅力的に見えません。そのため、人もお金も仕事も引き寄せないのです。

私もその昔、人に嫌われるのを恐れて八方美人に生きていた時代がありました。自立した女性は強い女性で、人から疎まれるくらいに思っていたような気がします。完全に「我の強さ」と「芯の強さ」を混同していたと思います。

自立せずに、人に依存すれば、その人がいなくなった時に自分の足で立っていられないくらい辛くなるものです。

ひどい方になると、彼氏からの別れ話に「死ぬ」と騒いだり、自分を傷つけたり、周りの人を傷つけたりしてしまう。依存からの脱出、それは自分の足がもがれたように感じられて苦しいはずです。

でも安心してください。誰もあなたの足をもいだりしないのです。そんな苦しい思いをしたくないのなら、自分の中に信念、ポリシーを持ち、自分を心より大切にしてあげることです。

自分を持っていれば、一人でいても心から楽しめるし、二人になったら、2倍楽しめます。

一生モノの美しさを持っている女性は、自立している。

美しい体は細さより比率

美人スタイルはウエストとヒップが9割

「とにかく痩せたい」日本に戻ってから、そんな女性に多く出会いました。痩せる＝**not** キレイをお伝えしたくて、日本アンチエイジング・ダイエット協会を立ち上げました。


欧米では痩せている女性はスキニーと言われて、全然モテません。

日本では体重という数字にとらわれて痩せようとしている方があまりにも多い。体重はあくまでも健康のバロメーター。筋肉は脂肪より小さく重いので、一概に体重が重い人が太っているとは言えません。

また人によっては骨の重さも違うため、有名女優さんやモデルさんたちの数字にとられて太っていると思い込んでしまうのは危険です。

無理な食事制限でダイエットを行えば、胸やお尻の脂肪も必ず落ちます。男性にはない丸みのある胸やお尻があるから、女性らしく美しく見えるのです。女性らしい体は「脂肪があるから」美しいのであって、脂肪のないお尻をどんなにボディメイクしようとしても、お尻は上がらないのです。

また男性が女性に惹かれるボディラインの黄金比は、ウエストとヒップの比率が7：10と言われています。女性の体は加齢によって変化を遂げていきます。バストが下がったり、お腹が出たり、ヒップが下がったり、ウエストから骨盤付近に脂肪がついて、最後はくびれがなくなっていくものです。つまりヒップとウエストの差がなくなった女性は、生殖能力がないものとみなされ、オスである男性からモテなくなってしまうのです。だから大切なのは、この黄金比に近づく体を作ること。

私の場合、ニューヨークでは、ジムに通うことが当たり前の人たちと一緒にいたため、それなりに通っていたのですが、東京に戻り、すっかり挫折しました。忙しすぎたり、会食が入ったり、疲れて行けないことが、かえってストレスとなったため、ジムは退会しました。

ジムに入っても続かなかったり、運動が苦手な方向けに、お金をかけずに、どこでもお手軽にできるエクササイズ法をお伝えします。

まずウエストのくびれをつくるドローインエクササイズ。腹式呼吸によってインナーマッスルを鍛える方法です。

1. 背筋を伸ばす。
2. 鼻から息を吸ってお腹を膨らませる。
3. 息をゆっくりと吐きながらお腹を凹ませる。
4. 凹んだら30秒間キープ。

このエクササイズの良さは、立っていても寝ていても座っていてもできること。また深呼吸をすることで自律神経のバランスが整い、インナーマッスルに働きかけることができます。

次にヒップアップですが、どなたもご存知のスクワット。私の友人は、会社でトイレに行くたびにスクワットをして、美尻をキープしています。ヒップは1cmあがることで、脚が3cm長く見える効果があるのです。

最近では、食事や生活習慣などから、若くてもスタイルがエイジングしている方が増えているので、体重計より全身鏡で自分の体をチェックしてみてください。

一生モノの美しさを持っている女性は、
ウエストとヒップの比率が7：10。

美人の味方はやっぱりイソフラボン

ティースプーンにたった1杯

人間の体内には、ホルモンと呼ばれるものが50種類以上も存在するそうなんですが、その中の2つ、「エストロゲン」「プロゲステロン」が私たち女性を支配している女性ホルモンです。

私が女性ホルモンを「恐るべし」と思ったのは、息子を産んで産後鬱に苦しんだため。当時は明るい自分が鬱になるとは想像できず、親になることから逃げている弱い人間なのかと、自分自身をとても責めました。

女性ホルモンは女性の一生のうちにたったティースプーン1杯ほどしか分泌されないのに、私たちの美や体調、心までもコントロールしているのです。ふくよかな胸、引き締まったウエスト、肌や髪のハリや潤いや体内の水分の増減など、女性らしいカラダを維持するには、女性ホルモンを減らすことなく、バランスよく保つことが大切。

女性ホルモンは、脳の視床下部からの指令を受けて分泌されます。この視床下部は自律神経の司令塔でもあるため、ストレスによるメンタルの落ち込みやプレッシャーに敏感に反応します。そのためストレスは、美の大敵なのです

忙しい現代社会で、ストレスを感じないのは不可能。その代わり心と身体を癒し、ホルモンバランスを整える生活が大切です。ストレス軽減の方法は、とにかく自分が気持ちいいと感じることをすること。大好きな音楽を聴いて、ゆったりする時間を持ったり、湯ぶねにゆっくりつかって、交感神経からリラックスの副交感神経へバトンタッチすることで、良質な睡眠もとることができます。女性ホルモンのバランスを整えるアロマテラピーや軽い運動も効果的です。

女性ホルモンのための良い食事ですが、中でもおすすめなのが、女性ホルモンの手助けをするイソフラボンを含む大豆製品（納豆、豆腐、豆乳、味噌汁など）と、油です。

「女性ホルモン」は主に「タンパク質」と「コレステロール」から作られます。また良質な油は、体内でコレステロールに変わり女性ホルモンになるのです。おすすめの油は、加熱せずに生でかける「エゴマ油」「アマニ油」。我が家では、炒め物には「オリーブ油」を使用しています。食品で摂るなら、魚介類、魚卵、そしてクルミなどのナッツ類は良質な油が含まれています。

生理が不順な方、原因不明の体調不良の方、最近急にお腹周りが太ってウエストがなくなった方などは、ぜひ婦人科で女性ホルモンチェックを受けてみてください。ホルモン検査を受けることで、生理不順、不妊、更年期障害や体調不良の原因が分かる可能性があります。

一生モノの美しさを持っている女性は、
女性ホルモンと上手に付き合っている。

サバサバした美女になる

がさつな女とは違うので注意

仕事をバリバリされている方なら、分かってくださるかなと思いますが、ガンガン仕事をこなしていると、どんどん頼れる私になっていくのを実感します。「まずい、男性化しないように女子力高めないと」と常に思います。

忙しく働く女性のお客様におすすめしているのが、中身は裏も表もないくらいサバサバしていて、外見は女子力がとても高い人。ただサバサバしていて、外見に気を遣わないと単なるオジサンみたいになってしまうので注意してください。

仕事でも出世したり、経営者として成功する女性に、このタイプが本当に多いのです。群れる気ゼロのため、女性の嫉妬の渦に巻き込まれる心配が少なく、そういった部分でのストレスは限りなく抑えられます。それでいて、上司になった時に、女性にありがちなエモーショナルさがないため、部下も安心、信頼してついてきてくれるのもこのタイプなのです。
でも最近は、エセサバ女性も街にたくさんいるそうなので、皆さんその違いに騙されないでくださいね。

エセサバ女性の特徴

・自分で自己申告的にサバサバ女子をアピールする
・男っぽい態度や言葉使いで、よく毒を吐く
・プライドが高く、自分が中心でないと腹をたてたり、攻撃したりする
・男っぽいふりをしているけれど、中はドロドロ系女子

サバサバ美女の特徴

・気遣いができる
・どんなに上の人でも、誰に対しても自分の意見をはっきり言う
・細かいことにはこだわらず、あっさりしている

・他人の悪口を言わない
・愚痴を言わない
・悩まない
・他人を詮索しない
・明るくポジティブ
・去る者を追わない
・べたべたした付き合いが苦手で群れない

見分け方としては、男っぽかったりがさつな女性はエセサバ女性だという点です。
サバサバ美女は、相手の気持ちを思い遣れる優しい女性なのです。

一生モノの美しさを持っている女性は、サバサバ美女である。

New York Style

CHAPTER

4

自分自身を資産管理する

自分を安売りしてはいけない

私たちは起業家であり投資家

私のところには、起業をしている女性経営者やこれから起業を目指す女性、そしてイメージコンサルタントとして起業する生徒さんなど、常に自分のサービスを売る側の方々がいらっしゃいます。

起業当初は、経験も浅く、自分のサービスに高い値段をつけることにメンタルブロックがかかるものです。かくいう私もそうでした。そこで考えるのが、安い値段で売り出せば多くの人が来てくれるに違いない、と思いセール商品を作ること。

例えば1本3万円近くするワインが欲しかったとします。どこかの格安リッカーショップで1万9800円で売っていたら、私も間違いなく格安のショップで購入するでしょう。でもそのために2時間も北風に吹かれて、お店の外で行列をしないといけないのなら、最初から3万円でワインを買います。

また皆さんは、歯を治す際に、超格安をうたっている歯医者さんに行くでしょうか。先生が腕がないかもしれないし、クリニックで使用している素材が安いものなのかもしれないと躊躇するはずです。

特徴のない総合スーパーが苦戦を強いられる中、クオリティと美味しさにこだわっている成城石井が大きく売り上げを伸ばしています。

つまり安いという理由だけで人が来る時代は終わっているのです。同じサービスを売るなら、人との差別化を図ること。

ここに行けば、こんなメリットがある。それを文章や視覚でも見せていく。自分の個性や魅力を前に出して、この人に会ってみたいと思わせる。その空間や時間にお金を払う価値があれば、お客様は値段にかかわらず来てくださいます。また素晴らしいサービスを格安で出すことは、自分の体を壊したり、サービスの質を低下させるものです。

これは、起業を目指す人だけの話ではありません。実は、私たち一人ひとりが、起業家であり、投資家なのです。
自分という商品を取り扱っている起業家であり投資家です。自分にどう投資し、自分の付加価値を上げるのか。自分をどう魅せることで、より自分を高く売るのか。

セールで70%オフだから買った服と、どうしても欲しくて、思い切って買った正規の値段の服があったら、どちらをより大切に扱いますか。セール品の服をぞんざいに扱っていないでしょうか?

だから、〝面倒臭い〟とか〝やっぱり私なんて〟と言って、自分に適当な価格をつけないで欲しいのです。チャンスがきたら、思い切ってつかめる自分でいること。自分を大切に扱い、人からも出来る限り大切に扱われる人間になること。この本を読んでくださった方は、決して自分を安く売らないでください。

一生モノの美しさを持っている女性は、
自分を高く売れるハイクオリティをキープしている。

New York Style

通勤時間こそ断捨離する

自分の時給を計算してみる

投資家のあなたが真っ先にしないといけないことは、時間を有効に使うために、無駄な時間を削るということです。

私たちに必要な時間である食事時間、睡眠時間、仕事時間、入浴時間を除くと、まず一番に着手するのが通勤時間の見直しとなります。

会社までの片道1時間半の通勤時間。その時間が唯一一人になれる時間で、本を読んだり、アイデアを考えたり、瞑想したり、メールの返信などに使える有効な時間であれば、全く問題はありません。でももし満員電車に揺られ我慢するだけの往復だったら、1日、たった24時間のうちの3時間をただただ苦痛なだけの無駄な時間にしているのです。

結局、睡眠や趣味の時間を削らなければならない時間となってしまいませんか。

ニューヨークでは、日本のように会社の同僚との飲み会はほとんどなく、ディナーは恋人や友人、家族と取るのが当たり前。休日は家族ぐるみでのホームパーティなどがメインで、成功者ほどプライベートの時間に重きを置いています。

プライベートの時間が通勤時間ですべて使われていては、リフレッシュはおろか、仕事の効率を落とします。思い切って通勤時間を削るために引っ越しをする。

どうしても削れないのなら、その時間を有効で有益に使える方法を編みだしてみる。ちょっと遠いルートになっても始発で座って通える路線があるかもしれないし（通勤定期はすべては出ないかもしれませんが）、会社がフレックスを活用しているのなら、早朝勤務で、空いている電車を自分の時間として使い、一時間早く帰るなど、あなたの大切な時間を捻出するのです。

今、ＩＴ系や外資など従業員の自立性や柔軟性を重んじる結果主義の会社では、リモートワークという新しい形のワーキングシステムを取り入れ始めています。オフィスに決まった時間に来ないといけない制約を外し、これまで通り組織に所属しながら、チームとして働く。自分で場所と時間を選べる画期的なシステムです。

時間はあなたの大切な資産です。何気なく浪費していないか。ここで一日の時間の過ごし方を見直してみてください。

一生モノの美しさを持っている女性は、通勤時間も資産と考える

スマホで大損する人

時間を投資と考える

皆さんは、一日にどのくらいの時間、スマホをいじっているでしょうか？

私は、普段、都心に住んでいるため、非常に短い区間しか地下鉄に乗りません。

これまで携帯をいじっていて、あっという間に2駅くらい乗り過ごすことがザラでした。反対行きが同じホームなら良いのですが、いちいち地下を通り抜けてホームを変えるときの悔しさ。そんな自分に反省し、メッセージ返しなどは、電車の乗る前のホームですませて、車内では周りを見渡して、ゆったり過ごすことにしています。

車内を見渡すと、私以外全員スマホをいじっているのはもう当たり前の光景。レストランやカフェでも下を向いてスマートフォンをいじっている方ばかり。これでは目が合って新しい出会いで恋に落ちるなど、夢のまた夢ですよね。

先日、アメリカの友人宅に滞在していたのですが、「スマホに毒されている」と携帯を触ること止められました。例えば、友人と会食に行くと、忙しく成功している人たちほど、テーブルの上にスマホは決して置かないものです。食事、仕事、プライベートすべてをごっちゃにしたりしない。

物事に対処する優先順位を決めていて、時間の使い分けをしているのです。確かに仕事の効率を考えれば、デスクの上にスマホを置いて、ポップアップ画面で手を止めるのは非効率的です。スマホをいじりながら、ディナーでは、せっかくの楽しい時間が台無しだし、相手に対して失礼極まりないマナー違反となります。

また歩きスマホによる事件や事故もここかしこで起こっています。スマホを見過ぎることによって、肩こりや眼精疲労や不眠など健康被害も深刻です。

スマホに時間をさき、大切なものを見落として大損している割合は増加傾向にあるはずです。これからは、効率的なスマホ時間を決め、削減した時間を有効に過ごす。

例えば、今日はオフと決めたなら、ＳＮＳはその日丸一日見ない。またスマホを見るなら目的を持つことも大切です。例えばスマホから情報収集をしているなら、時間を決め、速度を上げて1日の情報を収集するようにする。スマホ時短、これで今まで無駄にしてきた時間や人とのかかわり方を取り戻せるはずです。

一生モノの美しさを持っている女性は、スマホ時短をしている。

時間は未来に投資する

原因より解決法にフォーカス

様々な場面で起こるトラブルやピンチ。昔はそんなことに一喜一憂していた自分がいました。

リーマンショックで、多くの財産を失っても、問題解決にフォーカスし、前向きに対処しているニューヨーカーを見て、worry子（心配性な子）と呼ばれた私も、ピンチにどう対処するかを学びました。

日本人の場合、何かが起こった際は必ずその原因を突き止めようとします。どうしてこれが起こったのか、原因を解明し、それからのリカバリーや二度と起こらないように対処する。

例えば、グループで取り組んでいるプロジェクトで、誰かのミスによって、予定が狂ったとします。誰がミスを犯したのか。どうしてミスを犯したのかにフォーカスすると、グループ全体が負のオーラに包まれて、モチベーションや生産性を欠いたりします。それが日本式。

アメリカ式では、問題そのもの、原因ではなくその問題を最善に最速に解決することに力を注ぎます。予定が狂った分をどう埋め合わせをしていくかにフォーカスするのです。

これはコーチングなどに使われる手法で、ソリューションフォーカストアプローチとも呼ばれています。

日本で行われる原因追及を優先していると、問題の解決しているイメージが持てなくなり、原因を起こした人を責めたてることにもつながります。焦点が間違えたことに行ってしまうため、問題解決を図るための柔軟な思考ができなくなるのです。企業が起こした事故や芸能人の不祥事に対し、我々がついつい悪者探しのいじめっ子になってしまうのはそのためです。

「何が悪いか」ではなく「どうすれば解決するのか」に、焦点を絞る。そのための方法は決して一つではないのです。

一つ目がダメだったら、他の方法で解決してみる。

問題というのは、見方を変えることで、必ず道が開けます。

そして日本でも欧米でも成功者と呼ばれる人たちの多くは、これが自然にできている人たちです。自分で解決しようと行き詰まってしまったら、あなたの周りであの人はデキルと言われている人に相談してみるのも手です。自分では思いつかなった新しい解決方法がきっと見つかるはずです。

問題が解決ができれば、原因はおのずから分かり、二度と同じ間違いは起こさないものです。これは大きな時間の節約になり、あなたのストレスを軽減させます。

仕事でのトラブルなど難しい問題だけでなく、パートナーや家族と喧嘩した、子供を叱ってしまった時など、あなたの身の回りにいつも起こる様々なことに応用してみてください。

一生モノの美しさを持っている女性は、
何が起きても解決策を見つける。

時間もエネルギーも与える人になる

自分も他人の時間も大切にする

「大切なのは時間をいかに使うかではありません。時間をいかに投資するかなのです」

世界で最も大きな影響力を持つ経営コンサルタントであり、大ベストセラー『7つの習慣』の著者スティーブン・R・コヴィー氏の言葉です。

将来花が開くような生産性のある時間の使い方をしなさい。という教えです。

世の中には、自分の時間は大切にするのに、自分が相手の時間を奪っていることに全く知らん顔の人がいます。

・遅刻やドタキャンを何度もする。
・仕事の返事が数日こないことがザラにある。

・相手の都合や時間帯を考えずに突然電話をかけてくる。
・お茶会だと呼び出されたら、ネットワーク系の勉強会だった。
・その道の専門家に、そのノウハウをただで教えてもらおうと平気で質問してくる。

あと彼女と結婚する気などさらさらないのに、結婚の話をはぐらかして何年も付き合い、婚期を逃した彼女と別れる……。

Time is Money.
お金なら失った分を稼ぐことはできても、時間は二度と戻ってきません。
仕事ができる人、相手に気遣いができる人ほど、他人の時間がいかに貴重であるか分かっているので、こういうことをしないものです。仕事でお話ししても「今日は貴重な時間をありがとうございます」と伝えられる人たちです。

一番悲しいのは、時間を奪われることによって、相手に腹を立てたり、落ち込んでしまうなどネガティブな感情が自分の中で芽生えてしまうことです。ドタキャンを何度もされた相手だから、こちらもして良いだろう、なんてついつい思ってしまうのも実は大きな間違いだったりします。人にされて嫌なことは絶対相手にもしてはいけません。同じレベルになってはいけないということです。

付き合うことで、仕事や人間関係が何倍にもふくらむ相手もいるのに、マイナスになってしまう相手もいる。こういうことで煩わされているのは、大きな時間とエネルギーの損失です。腹を立てたり、ショックで傷ついたり、心を痛める理由はあなたにはないのですから、思い切って縁を切ることも大切です。

あなたと会ったらやる気になりました。パワーを頂きました。そんなことを言われる人間でいたいものです。

一生モノの美しさを持っている女性は、
相手の時間も大切にしている。

睡眠負債を回収する

寝具にお金をかける人は成功する

人間は、人生の3分の1も睡眠に充てている生き物です。90歳まで生きれば、30年も寝ていることになるのです。これって本当に驚愕の数字ですよね。

人間が求める欲のうち、本能的に求めてしまう三大欲求「睡眠欲、食欲、性欲」。一番強いのは、睡眠欲と言われています。確かにどんなにお腹が空いていても、眠かったら、勝手に寝てしまっています。

そんな睡眠ですが、寝たのに、疲れが取れない。常に疲れていて、会議中や電車の中でうとうとしてしまい、気づくと寝てしまっていることもある。これは明らかに睡眠の時間と質がちゃんと取れていない「睡眠負債」を抱えています。２０１７年の流行語大賞にも選ばれた「睡眠負債」は、日々の睡眠不足が借金のように積み重なり、心身に悪影響を及ぼすおそれのある状態を指します。

「寝具にお金をかける人は成功する」という話を聞いたことがあるでしょうか。〝睡眠時間を削って仕事をする〟がなんだか格好良いと思われている日本と違って、欧米では家での時間や睡眠の時間を非常に大切にします。

あちらにいると、〝ベッドがどうだの〟とか〝部屋のインテリアがどうだ〟という話に本当によくなるのです。そういえば、日本の友達とどんなベッドで寝ているかとかインテリアの話をしたことが、ほとんどないことに気が付きました。

それくらいあちらの方々は、自分の空間へのこだわりが強くて、家具にこだわり、花を絶やさず置くなど、好きな物に囲まれる生活を大切にしているのです。

昔、ニューヨークで、人間は一日の大半を寝て過ごすわけだから、ベッドにはとことんこだわるべきと言われて、その通りだなぁと思いました。それまではベッドの違いについて深くなんて考えたこともなかったわけです。一応日本で使っていたベッドはフランスベッドでしたが、そんなグレードにこだわって買ってはいませんでした。
ニューヨークから東京に戻る際に、自分の体にあった硬さのベッドを吟味して購入し、今もマットレスとボトムを2つ重ねた背の高いお姫様ベッドで寝ております。日本の高級ホテルにもあるこのダブルクッションは、強い加重でも下のボトムが吸収してくれるために反発が少なくなり、より体にフィットした心地よい寝心地が得られるのです。

質の高い睡眠を取れれば、質の高い仕事をする事ができます。良いベッドにしてから、本当に寝るのが楽しみになりました。もともとロングスリーパーなのですが、ちょっと困ったこととか、嫌なことがあると、寝て忘れようと寝室にｇｏしてます。翌朝は気分も変わってすっきり起きられるから、なんともありがたいです。

起きた時に疲れが取れていない方、どうしても睡眠時間が取れない方は、一度敷寝具、マットレスや枕を見直して、ぜひ質を高められる睡眠に投資をしてみてください。

一生モノの美しさを持っている女性は、睡眠負債を抱えない方法を実践している。

お金に見放されない生き方

節約しすぎも浪費もNG

「お金で幸せは買えない」。確かにその通りですが、お金でたくさんの選択肢＝幸せを増やすことができるのも事実です。

欧米で富裕層と言われている人たちの生活を見ていると、お金があるというのは、こんなに選択肢を広げることができるのか、と羨ましくもなりますが、実際は多くの人が、彼らのように金融資産を運用するだけでは暮らしていけません。

大事なのは、お金の使い方に意味を持たせること。例えば、節約に命を注ぎ、すべてを貯金に回して切り詰めた生活をするのも、右から左で、無駄遣い「浪費」をしてしまうのも、これもお金に見放される生き方になります。

イメージコンサルティングにいらしてくださったお客様で、お金があるとネットで好きな物を買い続けて破産してしまうので、給与を全額旦那様に渡して、一切お金を使わない方がいました。もう何年もスタバに行ったことがないし、外食もゼロ。洋服も5年くらい買っていなかったのです。奇跡のようにお金をかき集めて、私のセッションを受講してくださいました。

まず旦那様にお金を渡すのをやめること。カード破産になるなら、クレジットカードは一切持たないこと。このままではお金に見放された人生を送ることになるし、人を幸福にすることもできない人生になりますよ。とお伝えすると、彼女はしっかり実行してくれました。

また別なお客様で、自分のために一切お金を使わずに何十年も働いてきた方がいらっしゃいました。親との二世帯住居で、結婚もしていない。お金の使い方が分からないけれど、自分に投資してみたいと私のところにいらしてくださったのです。

お金に見放されない生き方は、自分で稼いだお金で、人生のステージを上げるために「正しい投資」ができることです。

あなたはどのステージに向かいたいのか。あなたのモチベーションを上げてくれるのは何なのか？　自分を豊かにしてくれるものに投資してみる。

例えばそれが家で過ごすゆったりとした時間なら、お気に入りの家具に囲まれたり、緑が見える家を借りることに投資をするべきです。頭脳を磨くことなら、スクールに通う。時々環境を変えることでやる気がでるなら、旅行に行ったり、いつもは行かない場所に顔を出してみる。

私が行っているイメージコンサルティングは、服装やメイク、髪型を変えて、人生のステージを上げるもの。これを単なる自己満足だけのために行えば浪費になるし、これによって出会う人や、人からの扱われ方が変わり、新しいステージに上がれれば、これ以上の投資はないはずです。あなたの出会った人たちはあなたの財産です。だから限りあるお金が生きるように使いましょう。

一生モノの美しさを持っている女性は、
必要なことにお金を投資できる。

好きなことでお金を生み出す

思い切って起業してみる

生涯1社で働く終身雇用の考え方が大きく変わってきています。政府は、副業・兼業の事実上の解禁に踏み切り、間もなく施行見込みとなっています。

終身雇用の制度がないアメリカでは副業をしている人が日本に比べてはるかに多く、さらに増加傾向にあるそうです。実際、私の周りの欧米人の富裕層や企業のCEOと呼ばれる人たちは、世界中の様々な事業に投資して、サイドビジネスを行っている人たちばかりです。

とはいえ、日本の現状は、一部の大手企業も副業を認め始めたとはいえ、8割以上の企業が、社員に副業を認めておらず、日本の副業率も6%から20%くらいと調査団体によってバラバラなのです。この副業禁止ですが、あくまでも企業の就業規則によるもので、日本の法律は兼業を禁じていないのをご存知でしょうか。就業時間以外をどのように使うのかは、社員の自由であり、縛ることができないというのが、日本の法律の考えです。とはいえ、会社に見つかって、退職せざるを得ない結果になるのは避けたい。私のところに学びに来ている生徒さんたちも、勤務先が副業禁止だと、頭を悩ませる方もいらっしゃいます。

副業で収入を増やしたい。自分の好きを副業で仕事にして、いつか本業を辞めたい。私のイメージコンサルタント養成スクールの生徒さんで、副業としてイメージコンサルティングを始めて、お客様がたくさんいらして下さり忙しくなり、1年を待たずに辛かった本業をやめて、副業を本業にされた方もいます。

会社に属さないフリーランスという選択をしている方は、2017年の推計で1122万人とも言われています。2016年の1・05倍と増加しているそうです（ランサーズ㈱調査）。

また起業する女性の数は、この5年間で1・6倍にも伸びています（東京商工リサーチ）。

あなたの人生で、興味があること、したいことを上げてみてください。すべてを一度にはできませんが、優先順位を決めたり、いくつか並行することは可能なはずです。そして今一番すべきことはなにか問いかけてみてください。

好きな仕事を副業にして、お金を稼ぐことが優先順位の1位なら、1日24時間しかない時間の中で、副業の時間をどう捻出していくかが、重要なキーとなります。

今フルタイムで正社員として働いている企業が残業続きで、とても副業など無理な場合もあるかと思います。でもどうしてもやりたい副業がある場合、思い切って契約社員や派遣の道を選び、ビジネスを起こしてみる。

副業には、労働時間が収入となるアルバイト型と、頑張った分だけお金がもらえる成果報酬型があります。アルバイト型だと飲食業や接客業などがあります。成功報酬型だと、週末起業を目指してのイメージコンサルタントやネイリストなど、またネット副業や投資をされている方も多いですよね。

アルバイト型はその時間だけで完結するため、毎月4万稼いで、そのお金の使い道がはっきりしている方には向いていると思います。成功報酬型は、頑張った分だけ見返りも違います。

時間の捻出方法や、どこに力を入れるか抜くか、しっかりプランニングをしないと、本業も副業も中途半端で疲れてしまうことにもなりかねません。もちろん、気力も体力も有り余っている方は、すべてが可能なのですが。

私は、講師とブログを書く以外何もしてないように思われるかもしれませんが、一日24時間あっても足りないくらいに、様々なことに時間を使っています。

おおむね最高に楽しいのですが、時々様々なピンチも起こり、時間に追われ過ぎて辛いこともあります。でもピンチはチャンス、自分が試されていることなんだとポジティブに受け止めています。

今輝いて見える人たちは、きっとこの壁をはねのけられた人たちに違いないと思うから、頑張ってみようと思えるのです。

限られた給与ではお金がないから、自分のやりたいことを諦めるのではなく、
ちょっと視点を変え、お金を生み出す働き方も考えてみる。

一生モノの美しさを持っている女性は、
やりたいことを諦めないで、手段を考える。

モヤモヤしていたら、ハイリスクにかけてみる

人生はドラマ、何にかける？

「なんとなく人生がモヤモヤしています。大企業に入社して、仕事は大して楽しくもないけれど、給与は悪くないのでやめる決心がつきません。結婚もしたいけれど、相手がなかなか見つからなくて疲れてしまいました。どう自分に投資して良いのかが、全く分からないです」

現状維持、これは確かにノーリスクで一見安全にも見える選択です。あなたがもしリターンを望むなら、現状維持ではハイリターンを得ることは、１００%近く難しいかな、と思います。

ニューヨークに住んでいた頃、一人の日本人女性と知り合いました。お金持ちそうな彼女に誘われて、知人の旦那さんが板さんをやっていたマンハッタンのお寿司屋さ

んでランチをしました。

35歳の時に日本を飛び出して、ニューヨークに渡ってきた彼女。日系企業に勤めて一人暮らしを長いことしていたそうです。住んでいたアパートの近くに、彼女より20歳も年上のバツイチのドクターがいて、長い間ただのお友達だったそうなんですが、彼がガンにかかったのがきっかけで、世話をしてあげた彼女と結婚。1年前に亡くなった際に、一生食べていくのに困らないくらいの財産を残してくださったそうなんです。

お写真も見せてもらいましたが、ハンサムな旦那様で、ガンにかかる前は、たくさんのガールフレンドがいて遊び歩いていたそうです。自分が本当に困った時、親身につきそってくれたのが彼女だった。

「長い間、病気の看病で本当に疲れたわ。これからは世界中にボーイフレンドを作って、気ままに世界を旅して過ごすの」。

なんともドラマですね。ここで考えて欲しいのは、彼女がハイリスクを承知で単身ニューヨークに渡ったこと。

人生はドラマだなぁとつくづく思います。私の周りにはハイリスクに飛び込み、ハイリターンをゲットしているギャンブラーたちがたくさんいて、フィクションドラマよりよっぽど面白いのです。

ここでは決して皆さんに海外に住みなさいとか、無謀に冒険しろとすすめているわけではありません。ただ、小さな池にいつまでいても、いつも見慣れた鯉や春になっておたまじゃくしが蛙になるのを見届けるくらいではありませんか。

人は人と出会うことで世界が広がります。人は人と出会って初めて化学反応を起こせるのです。海にでてみる勇気がもてたら、それに投資してみる。人生はその先で大きく変わっていくはずです。

一生モノの美しさを持っている女性は、
ハイリスクもいとわない。

道草で資産を増やす

すべては〝自分次第〟

人生は投資です、なんて話をすると、できるだけノーリスクで、ハイリターンの人生を歩みたい。そう思う方も多いかな、と思います。私もそんな金融商品があったら、すぐお金を投資します（笑）。

イメージコンサルタントになりたい方向けの養成スクールの説明会での質問。

「起業したら、お金になりますか？」この質問への答えは「It's up to you.」それは十分可能性はあるけれど、皆さん次第です。

「超一流大学を卒業すれば、将来、入社した企業の役員になれますか？」この質問への答えも「It's up to you.」なはずです。

私は長い間あらゆる自分が興味のあることに、時間とエネルギーを投資し、ローリターンの人生を歩んできました。好奇心旺盛だから、興味あることが目の前に常にごろごろあって、一つになんかとても絞れなかったのです。とりあえずかじってみたり、これかな、なんて資格もいろいろ取りました。そしてその間に、道草をしなかったら決して出会えない様々な職業や職種の人たち、人生を心から楽しんでいる人たちに出会えました。

今、仕事をしていて、様々な職業のお客様にお会いします。どの方とお話ししていても自分の経験から仕事の様子などを想像できるし、どうしたらよいかのアドバイスができる自分がいるのです。私の経験やいろいろな方とのお付き合いが、今、私のリソースとなって、引き出しにしまわれています。どこを開けようか。うんうん、ここねと言う具合なのです。またありがたいことに新しくお会いする方々とのお話を通じて、引き出しがもっと増えていっているのです。

道草人生そう呼んでいますが、人生での道草はその道中にこそ、大切なものが転がっているような気がします。それを無駄と思えば、ちっとも楽しくないし、そんな道中も楽しんでしまえば、すぐに引き出しが一杯になるのです。私の生徒さんで、まだ20代、「先生のようにないたい」と焦ってしまった子がいました。「私はあなたより長く生きていて、たくさんの道草をして今があるのだから、焦っちゃだめ」と伝えたのですが、待てなかった。もちろん20代でビジネスを成功させている人たちも大勢います。それはやり方次第、魅せ方次第なはずです。でもAと言うプランがダメならBプランで行こう。BがダメならCで行こう。そう思える切り替えの早さやネバーギブアップ精神がないといけない。直球でダメだったら、もう次の球がない、では、失望して終わってしまうのです

習ったことは今すぐは使えなくても3年後、5年後、もしかしたら10年後に役立つかもしれません。

ニューヨークに住み始めた初期の頃、School of Visual Arts（私立の名門美術大学）でデッサンを習っていたことがありました。もちろん画家になろうとかそういったたいそうな理由ではなく、当時お花をやっていて、自分の美的センスを底上げしたかったのです。

その時デッサンに使っていたエボニーペンシルのジェットブラックで、今、お客様

の眉を描いています。眉を描いていて、時々スクールで、裸のモデルさんを皆でデッサンしたことを思い出すのです。寒い冬の教室で、一糸まとわぬ姿で同じ姿勢を崩さずモデルをしていたアクセントの強い英語を話していた金髪の彼女は、女優の卵だったのでしょうか。**NY**での生活費稼ぎのためにヌードモデルをしていたのでしょうか。

道草を焦らず楽しむと、後で振り返った時、驚くほどに一本の線になってつながっていたりするものです。人生も時間も投資だと考えた時に、楽しめる道草は自分の身になる大事な投資時間だと思います。

一生モノの美しさを持っている女性は、
道草も楽しんでリソースを増やしている。

New York Style

五感を磨き、直感でチャンスをつかむ

「もし、あの時……」はない

Your time is limited, so don't waste it living someone else's life.
Most important, have the courage to follow your heart and intuition.
They somehow already know what you truly want to become.

「あなたの時間は限られている。だから他人の人生を生きたりして無駄に過ごしてはいけない。最も重要なのは、自分の心と直感を信じる勇気を持ちなさい。それはどういうわけかあなたが本当になりたいものをすでによく知っているのだから」

By Steve Jobs（スティーブ・ジョブズ）

直感と理論、あなたはどちらで物事の選択をしていますか？　スティーブ・ジョブズのように成功者と呼ばれる人たちの多くが、実は直感に従って選択をしていると言われています。

理論的に考える力も持ちながら、自分の進むべき道の選択やチャンスをつかむ瞬時の判断は直感、第六感で行っているのです。

最初の直感がなぜか正しい。それは科学的にも論じられていて、解明されようと研究され続けています。

だから、もしあなたがいくつかの選択肢を前に迷ったなら、気が進まない方向、なんだか悪い予感がする方向だけには、決して進んではいけないということです。

直感が今まで当たったことがありません。間違った選択ばかりで、いつも後悔ばかりしています。第2志望で入った大学、就職した会社、結婚、離婚。「あの時もし違う道を選んでいれば……」

人生の中で「もし、あの時……」は、決して起こらないことだと言われています。

だからたとえあなたが第1志望の大学に入っていたとしても、結局同じような道をたどってしまうということです。

まずあなたの思考をその道に進まなかった後悔ではなく、〝今歩いている道のシナリオを正しいものにするにはどうしたらよいか〟にスイッチすることです。

そしてあなたの心の声となる第六感、直感が間違えた選択をしないようにするためには、もっと五感を鍛えることが必要だと言われています。五感が鋭い人は、第六感。直感が発達する。

視覚、聴覚、触覚、味覚、嗅覚。地球上の生き物は五感をフルに使って生活をしています。春夏秋冬の気温差を肌で感じ、敵に襲われないか耳を澄ませ、獲物がいないか目を凝らし鼻で嗅ぎまわっています。

かつて、私たち人間もこの五感をフルに活用して生活を営んでいたのです。エアコンで快適な室内に暮らし、目の前に出された食材に毒があるかどうかを考える必要もないほど安全な毎日を送っているのです。

今日のランチに何を食べたいかを即答しなさい。それにこたえられる人は少ないのです。それほど飢えてもいないのです。便利な生活は、実は私たちの五感という感性を衰えさせているのです。スマホを置いて、TVを消して、五感をフル稼働させてみる。

あ～ん、いい匂い。心が洗われるような美しい音色。なんてキレイな色をしたタンポポなんだろう。ぷにゅぷにゅして柔らかくて気持ちいい。

私が思う直感とは、理性と対峙するものでは決してなく、いざという時に、理性にこちらの道は違うよと、ヒントをくれるものだと思うのです。

一生モノの美しさを持っている女性は、
直感でチャンスをつかんでいる。

人という財産をつくる

人との化学反応を起こせる人になる

人は何物にも代えがたい財産です。どんなにお金があっても買えないものは、その人が長年かけて築き上げてきた人脈だと思います。どういう人たちと付き合っているか、で、その人となりが透けて見えます。なんだか怪しそうな人たちばかりが周りにたくさんいる人を見ると、たぶんあまりよくないビジネスや人付き合いをしているに違いない、と大概予想が付きます。逆に素敵な人たちが常に周りにいる人を見ると、その人の株がめきめき上がったりするものです。

ではどうしたら、素敵な人たちとの人脈、財産を築けるのか。

人と化学反応を起こすには、まず自己開示をすること。ありのままの自分自身のことを相手に話すことができる人は、自分を認め、愛している人です。だから相手にどう思われるかを気にすることなく、自然に掛け値なしで話ができます。その姿勢に初めて相手も自分のことをさらけ出そうという気持ちになるのです。逆にここで自己顕示を行う人がいます。自分を良く見せよう、自分を好きになってもらおう、そんな下心で相手に近づけば、勘の良い人なら、相手に下心があるのか、取り繕っているのかが即座に分かるものです。

あなたが一生モノの人脈を得たいのなら、相手に興味を持って話を聞くことはもちろんですが、裏表がなくはっきりと意見が言えること。人によって態度を変えないこと。人の悪口を言ったり、嘘をつかないこと、相手を大切にすること、それらすべてが信頼につながるのです。

「人は　人によって　人となる」

傷つけられるのも、大きな喜びを得られるのも、幸せを感じられるのも、学べるのも、成長できるのも、全て人からです。

相手は自分の鏡です。この人嫌だなと思っている人は、自分が見たくない自分の姿だったりします。時々、「私の周りって、嫌な人ばかりしかいないんです」そんなことを愚痴る人がいますが、「私って、とても嫌な奴なんですよ」と告白しているのと同じことです。

「類は友を呼ぶ」です。あなたが人という財産を築きたいなら、まずあなたのような人を増やしたいか、そうでないのなら、あなた自身を変えることです。
素晴らしい人脈は色あせることなく、運命も変えていきます。

一生モノの美しさを持っている女性は、
人脈という財産を持っている。

失ったものを嘆くより、得られるものを吸収する

かつての私より今の私のほうがわくわくしている

私は、学生時代の友人や会社の同期の中で、誰よりも早く20代で結婚をし、息子を産みました。

〝女性の価値＝年齢〟

当時、そんな日本人の若さ信仰に惑わされ、私の女性としての人生は「これで幕を閉じた……」、そんな風に思っていたのです。

そんな中、思いがけずアメリカに移り住む機会が訪れます。初めて、社会や他人の目というプレッシャーから解放され、年齢が単なる数字であること。自分軸で、自分らしく生きるということがどれほど大切かということに気づかされます。

この春、息子は20歳の誕生日を迎えます。そこに20年という月日は流れましたが、閉塞感を感じて子育てだけをしていたあの頃より、自分のミッションを遂行するために働いている今の方が、ずっと自由でわくわくしていると思うのです。


イメージコンサルタントという仕事を通し、必要に駆られて、一般社団法人日本アンチエイジング・ダイエット協会を立ち上げました。この協会は若く見せるためでも、ただ痩せるためのものでもありません。健康であるための正しい食事（英語で言うdietダイエット）を通じて、美しく年を重ねていくことを目標としています。見た目年齢は体内年齢です。

様々な年齢、年代の女性達が協会に学びにいらしてくださっていますが、初めてお会いした時よりも、どの方も驚くほど、どんどん美しくなっていくのです。

それは目減りしない内面の艶を磨き、ライフステージに合わせて、外見もアップデートしているからに違いありません。

失ったものに固執し嘆くのはなく、得られるものをスポンジのように吸収していく。私達女性には、いつまでもどこまでも伸びしろがあると思うのです。

「成長を続けた女性の〝成熟〟には、息をのむほどの美しさがある」

ナオミ・ウルフ（ジャーナリスト）

成長を続けた皆さんと、いつかどこかで笑顔でお目にかかれることを楽しみにしております。

最後にこの本を出版するにあたり、叱咤激励くださった長谷川恵子編集長に心より感謝を致します。また私を応援してくださっているすべての皆さまに、心からの感謝と愛をこめて、この本を贈ります。

２０１８年４月　一色由美子

Beauty

一生モノの見た目チェック

□ オフィスで時々
笑顔チェックしてる？

□ オフィスを出るとき、
化粧直しはした？

□ 人に会う前に、髪の分け目を変えた？

□ 今日の服は、自分に似合ってる？

□「疲れてる？」と人に聞かれなかった？

□ 信号待ちで猫背になってなかった？

□ 冷たいものばかり飲んでない？

□ シャンプーを見直してみた？

□ しぐさや動作は
エレガントになっている？

Mind

生き方のチェック

CHECK LIST

- □ 20歳の自分と、今の自分、どっちが輝いてる？
- □ 本当の欲望は何？
- □ ネガティブな口癖に支配されていない？
- □ コンプレックスを受け入れられた？
- □ 私の幸せを感じられてる？
- □ 誰かを幸せにした？
- □ 変化を楽しめてる？
- □ 最近キスしてる？
- □ 夜はちゃんと眠れてる？

Style

モテ度のチェック

□ 新しい下着は買った？

□ 今日、素敵な
コミュニケーションはとれた？

□ カワイイと言われて喜んでない？

□ ウエストはくびれてる？

□ 女性ホルモンを分泌した？

□「年のせいで……」って
言い訳しなかった？

□ あなたの美しいトゲってなに？

□ 後輩女性から
憧れの存在と思われてる？

□ 陰口や悪口を言わなかった？

Assets
Management

資産管理チェック

- □ 自分を安売りしてない？
- □ 通勤時間が辛くない？
- □ スマホばかり見てない？
- □ 睡眠時間は足りてる？
- □ 人の時間を無駄にしてない？
- □ お金に好かれてる？
- □ 好きなことで稼いでる？
- □ 時にはリスク覚悟で勝負してる？
- □ 周りは素敵な人で囲まれてる？

一色由美子
いっしきゆみこ

イメージコンサルタント。

Y Style New York & Tokyo 代表。

（社）日本アンチエイジング・ダイエット協会理事長。

日本アンチエイジング歯科学会理事。

イネスリグロン監修「World Class Beauty Academy」外部講師。


東京女子大学卒業後、日産自動車株式会社に就職。

結婚、出産を経て2002年ニューヨークへ。イメージコンサルティングの本場ニューヨークにてドミニク・イズベックに師事したのち、「Y Style New York」を立ち上げ、ミリオネア、エグゼクティブのコンサルティングを手がける。

2011年帰国。ニューヨークの経験を活かし、外見のみならず、立ち振る舞い、コミュニケーションスキル、メンタル面からアプローチするサロンをオープン。ビジネスパーソン、ドクター、政治家をはじめ、OL、女性起業家まで、幅広いクライアントを持つ。また、企業、法人、大学、専門学校などで、セミナー講師としても活躍中。

自らの結婚、出産、子育ての経験も含め、女性が自由に輝いて生きるためのスタイル作りを提案している。

著書に『ニューヨーク・ミリオネアの教え―幸せをつかむ人ほど「見た目」にお金を使う』（大和書房）、『NY流30秒で「美人！」と思わせる55のルール』（幻冬舎）がある。

http://www.ystyletokyo.com/

ニューヨーク・ミリオネアの教《おし》え
一生《いっしょう》モノの美《うつく》しさを手《て》に入《い》れた人《ひと》が
幸《しあわ》せになる

2018年5月5日　第1刷発行

著者　一色《いっしき》由《ゆ》美《み》子《こ》
発行者　佐藤 靖
発行所　大和《だいわ》書房
〒112-0014
東京都文京区関口1-33-4
電話：03-3203-4511

ブックデザイン　荻原佐織（PASSAGE）
校正　メイ
本文印刷　厚徳社
カバー印刷　歩プロセス
製本所　ナショナル製本

ISBN978-4-479-78422-7

http://www.daiwashobo.co.jp/